HOW TO HELP YOUR CHILD
CLEAN UP THEIR MENTAL MESS

A Guide to Building Resilience and
Managing Mental Health

别让坏情绪
蛀空
孩子的大脑

用脑科学5步解决
孩子的心理问题

[美]卡洛琳·丽芙（Caroline Leaf）著
叶壮 尚哲 译

机械工业出版社
CHINA MACHINE PRESS

本书是认知神经科学家卡洛琳·丽芙（Caroline Leaf）基于40年的研究成果和具体的临床实践后创作的家庭教育心理援助书籍。书中讲解了有毒思维方式对于孩子情绪、行为、感受和观点方面的影响，以及孩子所面临的心理问题的根源和解决方案。书中通过63天5步神经周期法，帮助家长辅助孩子管理自己的精神世界，识别并健康回应负面情绪，正确应对环境和关系带来的恐惧、挫败和焦虑情绪，摒弃有害思考方式，积极参与有益于大脑神经发育和修复的实践活动，最终拥有强韧的心灵。

ISBN: 9780801093418

Copyright © 2023 by Caroline Leaf

Originally published in English under the title How to Help Your Child Clean Up Their Mental Mess by Baker Books, a division of Baker Publishing Group, Grand Rapids, Michigan, 49516, U.S.A.

Simplified Chinese Translation Copyright © 2025 by China Machine Press. This edition is authorized for sale in the Chinese mainland (excluding Hong Kong SAR, Macao SAR and Taiwan). All rights reserved.

本书中文简体字版由Baker Publishing Group授权机械工业出版社在中国大陆地区（不包括香港、澳门特别行政区及台湾地区）独家出版发行。未经出版者书面许可，不得以任何方式抄袭、复制或节录本书中的任何部分。

北京市版权局著作权合同登记　图字：01-2023-2330号。

图书在版编目（CIP）数据

别让坏情绪蛀空孩子的大脑：用脑科学5步解决孩子的心理问题 /（美）卡洛琳·丽芙（Caroline Leaf）著；叶壮，尚哲译. -- 北京：机械工业出版社，2025.6.
ISBN 978-7-111-78297-1

Ⅰ．G780

中国国家版本馆CIP数据核字第2025V7M229号

机械工业出版社（北京市百万庄大街22号　邮政编码100037）
策划编辑：丁　悦　　　　责任编辑：丁　悦
责任校对：蔡健伟　张　薇　责任印制：常天培
北京联兴盛业印刷股份有限公司印刷
2025年8月第1版第1次印刷
165mm×225mm · 15.5印张 · 1插页 · 149千字
标准书号：ISBN 978-7-111-78297-1
定价：69.80元

电话服务　　　　　　　　　网络服务
客服电话：010-88361066　　机　工　官　网：www.cmpbook.com
　　　　　010-88379833　　机　工　官　博：weibo.com/cmp1952
　　　　　010-68326294　　金　书　网：www.golden-book.com
封底无防伪标均为盗版　　　机工教育服务网：www.cmpedu.com

前　言

每天，我们都会看到有关儿童和青少年陷入心理健康危机的新闻，尤其是抑郁、焦虑和自杀率日益加剧的报道。最近，美国卫生局局长发布了一份指南，旨在帮助保护青少年的心理健康。看起来问题相当严峻，的确，许多青少年正面临着这些困扰。

心理健康问题并不是什么新鲜事，而且每一代人面临的挑战都有其特点。例如，霸凌并不是21世纪才出现的新现象。然而，今天的情况是，霸凌不仅限于校园，它还能通过手机、平板或电脑等设备"跟着"孩子回到家中。如今，似乎没有什么地方是安全的。技术革命改变了我们社交互动的方式，拓宽了交流的广度和深度。这些变化也改变了人们，尤其是孩子，对自我和周围世界的认知和感受，导致越来越多的人，尤其是年轻一代，花费大量时间上网或独处，孤独感和孤立感日益加重。

世界在不断变化，有时候我们可能会觉得自己只能勉强维持生存，无论我们是父母，还是那些在这个复杂世界中努力寻找自己位置的脆弱孩子。在一些重大世界事件的影响下，这些感受也变得更加强烈，进一步加剧了我们的心理压力。

在解决这些问题时，我们首先需要认识到，我们不仅是独立的个体，拥有各自的问题，还是更广泛社区的一部分。这意味着，心理健康问题不仅要从个人层面来解决，也需要从社区层面进行干预。"世界心理状态项目"（The Mental State of the World Project）的数据显示，个人主义和绩效导向较高的国家，往往在心理健康指标上得分较低，而那些重视团体和家庭等以集体主义为导向的国家，心理健康状况则普遍较好。因此，我们不能仅将孩子视为一个个体，我们必须考虑孩子以及他们所处的环境，包括我们作为成年人如何管理自己的心理健康，以及这将如何影响我们的孩子。

我们需要审视，我们是如何教导孩子适应并应对这个日新月异的世界的：孩子是否学会了如何管理自己的心智？我们是否在教导他们如何应对生活中的高潮与低谷？我们是否帮助他们从小就理解，心智的走向将如何影响大脑和生活的方方面面？

这一过程从我们作为父母开始：我们如何管理自己的心理健康，将为孩子树立如何管理心理健康的榜样。研究表明，成人未能有效管理的压力，往往会传递给孩子，导致他们也无法有效应对。因此，帮助孩子维护心理健康的最佳方式之一，就是首先关注并改善我们自己的心理健康水平。

通过实践本书中的方法，你将学会如何成功应对生活中的混乱和心理困扰，同时向孩子展示，在风暴中寻找平静是完全可能的。

我们的心智决定了我们是谁——它影响我们如何思考、感受和做出选择。它决定了我们早晨醒来后的第一感觉，决定了我们度过每一天的方式，影响我们与家人、朋友、老师以及周围环境的互动。我们的心智还决定了我们如何应对生活中的种种，无论是好事还是坏事。它甚至影响着我们身体的运作，控制着细胞的生成，左右着我们的生理健康和对食物的吸收。心智掌控着与"生命力"相关的一切。

因此，我们应该投入大量精力去理解和发展心智管理技能，以帮助我们自己和孩子应对生活的变幻莫测。缺乏心智管理能力的孩子在面对混乱时，往往容易感到困惑和不知所措，因为他们缺乏理解和表达自己经历的必要心理技能。作为父母，我们的任务是帮助孩子在这个容易让人感到恐惧和不知所措的世界中找到前行的方向。赋予他们心智管理的能力，帮助他们应对挑战，是我们能为他们做的最好的事之一。

在这本书中，我提供了一套基于科学和临床实践的心智管理方法，帮助你应对孩子的心理健康危机。我将介绍一些简单、实用的技巧，帮助你教导孩子如何管理他们的心智，让他们在成长过程中能够更好地应对挑战，过上更好的生活。此外，在这个过程中，你也可能学到一些关于如何管理自己心智的知识，从而拥有一个充满韧性、平静和快乐的生活。

本书的核心在于理解心智的运作方式。我讲述了我们常用的思维模式是如何形成的，大脑如何与环境互动，以及心智如何推动这一过程。我还用简明的方式解释了如何与孩子轻松沟通，阐明了一个未被管理的心智是如何造成混乱，并解释了这种混乱如何通过神经可塑性改变大脑，进而导致恐惧、困惑、悲伤和不知所措的情绪。

这远没有结束！通过有方向的心智管理，心智和大脑可以改变。我花费了近40年研究心智和大脑的运作方式，并开发了一个简单的、基于临床实践的系统——神经周期法。在本书中，我将详细介绍这个系统。神经周期法通过识别有毒思维，并在63天的周期内通过建立积极、健康、重新概念化的思维，来破坏那些有毒思维的稳定性。在本书中，我将教你如何与孩子一起使用这个系统，并为你提供步骤、练习和案例，帮助你教导孩子如何拥抱、处理并重新定义他们的经历。

当你学习本书中的内容时，你将学会如何为孩子创造一个安全的环境，帮助他们改善自己的心理健康状况。你将掌握如何赋予他们必要的技能，让他们能够表达自己的故事。我不会教你去学习如何解决他们所有的问题或让他们的痛苦消失，因为这是不现实的。你将学会如何帮助他们提出正确的问题，并获得他们所需的心理支持。

当我们帮助孩子在各个方面实现自我调节，包括管理自己的情绪、行为、身体感觉和观点时，他们就有可能学会倾听来自心智、大脑和身体的信息，并将这些信息转化为自身的优势。在这个过程中，我们为孩子创造了一个空间，让他们能够讨论和处理他们在现实生活和网络世界中看到、听到的事物。我们帮助他们学会面对不舒适的情境，教会他们如何拥抱自己的情绪，并接纳这些情绪所传递的信息，而不是害怕感到悲伤或困惑。通过这种方式，我们能避免将童年病态化，帮助孩子接纳自己的真实人性。

在本书的第一部分，你将学习如何帮助孩子理解心智功能的基本原理。第二部分将向你展示如何教孩子使用神经周期法进行心智管理。第三部分则教你如何帮助孩子在不同情况下应用神经周期法，比如日常挑战、创伤经历、睡眠问题等。

为了帮助你顺利踏上这段旅程，我还想向你介绍脑宝宝！

脑宝宝是我开发的一个卡通角色，将伴随孩子一起踏上心理健康的旅程，帮助他们更容易地谈论自己的心理挑战和困境。在整本书中，脑宝宝将通过视觉呈现的方式解释关键概念，是帮助孩子理解自身情绪和经历的绝佳工具。

目录

前言

第一部分
理解心智运作的关键

01 心智 - 大脑 - 身体连接　　　　002
02 什么是思维　　　　　　　　　　012
03 什么是警告信号　　　　　　　　019
04 "脑宝宝"的超能力：神经周期法　029
05 帮助指南　　　　　　　　　　　039
06 自我调节的力量　　　　　　　　047

第二部分
与孩子一起使用神经周期法

07 使用神经周期法前的大脑
　　准备　　　　　　　　　058
08 第一步：觉察　　　　　063
09 第二步：反思　　　　　068
10 第三步：写/玩/画　　　073
11 第四步：重新检查　　　076
12 第五步：积极行动　　　084
13 神经周期法的时间安排　087

第三部分
将神经周期法应用于生活体验

14 创伤　　　　　　　　　098
15 创伤与神经周期法　　　115
16 身份认同问题　　　　　135
17 身份认同问题与神经周期法　150
18 社交互动　　　　　　　164
19 社交互动与神经周期法　174
20 标签　　　　　　　　　180
21 标签与神经周期法　　　191
22 睡眠问题　　　　　　　204
23 睡眠问题与神经周期法　215

结语　　　　　　　　　　　232
致谢　　　　　　　　　　　235

01 心智 – 大脑 – 身体连接

02 什么是思维

03 什么是警告信号

04 "脑宝宝"的超能力：神经周期法

05 帮助指南

06 自我调节的力量

第一部分
理解心智运作的关键

在本部分，我将帮助你理解，
并协助你帮助孩子理解——心智、
大脑和身体之间的联系，
想法和记忆的本质，以及自我调节的重要性。

01
心智－大脑－身体连接

所有的心智体验都需要通过大脑和身体来处理，这也是心智管理至关重要的原因。如果我们忽视这些体验所带来的影响，它们很可能会对我们的心理和身体健康产生负面影响。

接下来，我将介绍心智－大脑－身体连接的机制，这样你就能建立一个概念框架，帮助孩子理解他们的思维如何影响他们的身心感受。

我们不能忘记，孩子比我们想象中更具洞察力。然而，由于仍在成长和发展中，他们往往不知道如何处理自己观察和经历的一切。对于孩子来说，每天通过心智和大脑吸收的大量信息，常常能轻而易举地将他们淹没。

无论是否进行心智管理，孩子作为人类，都会通过心智将生活中的经验编织进大脑的神经网络以及身体的各个部分。这个过程会改变孩子的心理、大脑和身体，显著地影响他们的身心功能。作为一种生物，我们遵循神经心理生物学的规律，心智、大脑和身体之间相互交织，密不可分。

例如，孩子感到焦虑时，他们焦虑的"东西"其实是一个真实的物理思维，由大脑中记忆里的刺激反应组成。心智包括他们因这个物理思维而产生的担忧或焦虑。孩子越是担心，它对他们的情感和生理（身体）层面的影响就越大，甚至可能引发胃部不适或心悸等身体症状。

如果你的孩子曾经发过脾气，我相信你一定体会过那是什么感觉。例如，当他们对上学感到担忧时，你早上让他们准备好去上学，他们就可能会变得烦躁不安。这种情绪其实是从他们的思维中涌现出来的警告信号，而这些思维又是他们的心智在处理过往经历时构建到大脑中的。

为了更好地理解这一点，可以想象有这样一个花园。若是花园杂乱无章且杂草丛生，看起来和感觉起来就都不会好。与之类似，如果一个人的心智像一个杂乱的花园，他也会觉得心智无法正常运作，事情似乎很快就要失控。相反，当花园井然有序、繁花盛开，就算偶尔有杂草或风暴影响，也不会影响花园的长期健康。

幸运的是，我们的心智、大脑和身体，自带一套出色的系统，可以帮助我们教导孩子在心智中建立一个健康的花园。无论孩子处于哪个年龄段，只要他们学会了如何管理自己的心智，就能使心智 - 大脑 - 身体的连接为自己服务，帮助他们应对各种经历带来的影响。

这一过程始于观察心智、大脑和身体所传递的信号。这些信号可以分为4个主要组成部分：情绪、行为、身体感觉和观点，我将在后文详细探讨。心智管理的关键之一，就是调节这些信号，找到跟它们搭配的故事，然后改变这个故事在我们内心以及未来的发展方式。这种自我调节可以帮助我们退后一步，观察自我，并监控我们与世界的互动方式。

理解心智

要理解心智管理的过程，首先要从理解心智开始。心智是我们在清醒时对周围发生的一切进行思考、感受和选择的方式。心智的思考、感受和选择像团队一样协同工作，"抓取"我们的生活经历并以能量的形式存储到大脑中。

这种能量会导致大脑结构发生变化，这些变化会储存起来，形成记忆，这些记忆也会聚集在一起，形成一种思维模式，像一棵树一样生长和分叉。这些变化是通过心智驱动的，这个过程被称为神经可塑性。也就是说，心智将我们的经历以"思维树"的形式植入了大脑。思维树就是由轴突和树突构成的大脑神经元。

这里有两张图可以帮助你更好地理解思维树与神经元。图1-1展示了神经元上的轴突和树突。整个神经元就像一棵思维树，其中树突代表着思维树中的记忆部分。

图1-2展示了这些思维树在大脑中的结构和分布。

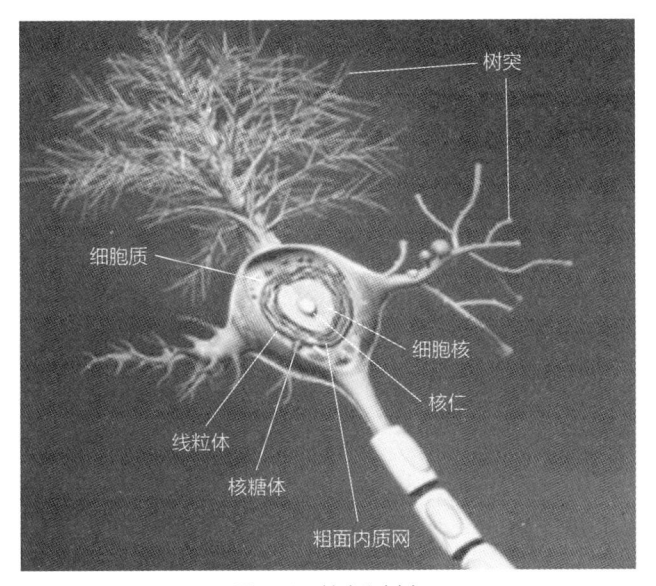

图 1-1　轴突和树突

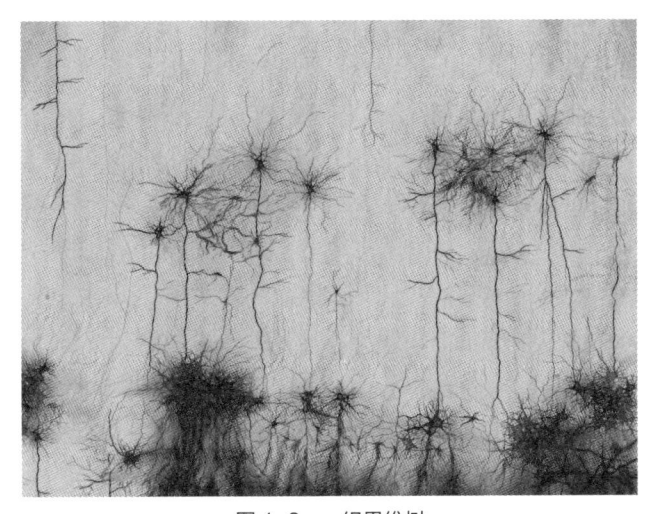

图 1-2　一组思维树

心智通过大脑将我们的经历储存为思维树，这些经历包括生活中的各种事件和情境。在清醒时，我们对这些经历做出回应和反应，而在睡眠时，大脑则会整理这些信息。这也解释了为什么我们会做梦，甚至做噩梦。因此，思维不仅是心智活动的产物，它本身也是由蛋白质和化学物质构成的物理实体，以树状结构的神经元形式占据着大脑的精神领域，同时也以引力场的形式存在于我们的心智和身体细胞中。

这就是为什么大脑常被描述为一个具有神经可塑性的"响应器"。每当它受到了我们心智的刺激，大脑就会以多种方式做出反应，包括神经化学反应、基因激活和电磁变化等。这些反应促使大脑结构生长和变化，构建或连接新的物理思维。大脑从不保持不变，因为它会随着我们每一次的经历而改变，而当大脑发生变化时，我们的身体也会随之变化。

心智将所有这些日常生活经历构建到我们的脑海和身体中，并在我们睡眠时进行固化。因此，心智不仅仅是一个不停运转的机器，更是一个复杂的动力源，驱动着大脑和身体的运作。心智在大脑和身体中"显现"，成为我们的感知。我们的心智是我们身份和独特性形成的地方，它是我们认知"我是谁"的基础。

在心智 - 大脑 - 身体连接中，大脑和身体是由物质构成的物理部分，而心智则是由电磁波和引力场构成的能量部分。它们既相互独立，又密不可分，因为只有它们协同工作，才能使我们成为一个完整的、有意识的个体。我们通过心智所经历的一切，都会经过大脑和身体，这就是心智管理如此重要的原因。如果我们不管理好这些经历带来的影响，它们就可能对我们的心理和身体健康产生影响。

心智本身由三部分组成，其中第一部分（也是最大的部分）是非意识㊀心智。非意识心智庞杂巨大，却又从不休息。它极其聪明，反应速度惊人，可以同时处理多项任务，以维持我们的生存和身体的正常运作。它监控着我们所有的现有思维及其构成的记忆，并且总是在寻找那些让我们担忧或以某种方式影响我们的事物，来帮助我们修复它们并恢复平衡。

当非意识心智发现一个让我们担忧的想法时，它会通过心智的第二部分——潜意识心智——将其传递到意识中。潜意识心智充当着非意识心智与意识心智之间的桥梁。非意识心智是一个全天候运作的系统，驱动着我们。它将信息传递给意识心智，最终以我们的情绪、行为、身体感觉和观点的形式展现出来。

与全天候工作的非意识心智不同，心智的第三部分——意识心智，只有在身体清醒时才会活跃，而且其运行速度要比非意识

㊀ 非意识　①对环境中的事物无感知的状态。②美国精神病学家戈尔德斯坦人格结构理论术语。与"意识"相区别。指未处于注意中心的心理活动。以极不明显的方式保存在人的心理活动中，只有当人面临的情境需要引起人的关注时，人才能间接地体验到。非意识活动有三类：某些身体过程和自动行为、内在体验、早期意识事件的后效。（引自《大辞海（心理学卷）》夏征农　主编

心智慢得多。在任何时刻，非意识心智能够处理我们所接触到的90%~95%的信息，而意识心智仅能处理其中的5%~10%。

非意识心智的主要任务之一是扫描神经网络中的所有信息，找出有毒的思维，并让我们意识到它们的存在。这时，意识心智便发挥了它的作用，它能够介入非意识心智，抓取这些有毒的思维，对其进行解构和重构，从而避免它们对我们的心理和身体健康产生不良影响。随着我们通过自我调节逐渐学会管理自己的心智，我们也会激活意识心智和非意识心智之间的动态互动。这就是我们内在的心理健康保护系统！

神经周期法

我研究并开发的心智管理科学系统——神经周期法——构成了本书的核心内容。这个方法将帮助孩子促进心智各部分之间的交流，理解心智如何影响大脑和身体的运作。它还将教会孩子如何识别并理解来自非意识心智的信息，防止有毒思维和记忆的累积，从而避免它们对孩子的心理健康产生不良影响。

当我们学会管理自己的心智并改变我们的感知时，我们便能够改变大脑的反应、生理功能以及细胞健康。这些变化也会通过大脑和身体之间的反馈回路，反过来影响我们的心智。

心智管理是培养孩子心理韧性最有效的方式之一，因为它教会

孩子减少对自己经历的关注，转而更多地关注他们能够采取的应对措施。它帮助孩子将生活经历置于更广泛的背景中，而不是仅仅根据模糊的症状对其进行诊断和贴标签。它超越了当前的生物心理健康护理系统，全面照护孩子的生理、心理、个性以及他们的个人故事。

对我们来说，生活是由经历构成的，而这些经历塑造了我们每个人的生活故事。当我们为孩子提供能够满足他们需求的心理工具时，我们也为他们提供了讲述自己故事的能力。我们可以教会他们：虽然我们无法控制发生在我们身上的所有事情，但我们仍然可以改变这些事情对我们的影响，以及它们在我们生活中的呈现方式。

孩子与生俱来的心理韧性

这需要我们积极学习如何从孩子的角度看问题。孩子是自己的专家，他们最了解自己是谁，以及他们的生活经历。作为他们的照护者，我们有责任尊重并认可他们的独特性，支持他们，并帮助他们接纳、处理和重新定义自己的故事。

事实上，生活中的危险和压力是自然发生、不可避免，甚至是必然的。因此，我们有责任帮助孩子发展他们与生俱来的心理韧性——教会他们如何从各种生活经历中获取成长与学习。是的，在孩子成长的过程中，我们需要保护他们，但更重要的是，**我们也要**

为他们提供应对失败和痛苦的工具，因为失败与痛苦同样是生活中不可或缺的一部分。

我甚至会说，要保护我们的孩子，便意味着该教会他们如何在我们无法再为他们提供保护时管理自己的生活。如果我们让孩子沉浸在"失败和痛苦的经历会对自己造成持久且无法修复的伤害"这样的观念中，便会影响他们发展心理韧性的能力。正如格雷格·卢金诺夫（Greg Lukianoff）和乔纳森·海特（Jonathan Haidt）在《娇惯的心灵》（*The Coddling of the American Mind*）一书中所指出的，我们已经形成了一种"保护年轻人免受'不安全感'影响的现代迷思"，这种迷思在很多方面抑制了他们应对生活挑战的能力。这可能正是我们今天所观察到的青少年抑郁、焦虑和自杀率迅速上升的多个原因之一。

同样，纳西姆·尼古拉斯·塔勒布（Nassim Nicholas Taleb）在《反脆弱》（*Antifragile*）一书中深入探讨了"反脆弱"的概念，这实际上也可以视为对心理韧性的一种理解方式。就像我们的免疫系统通过防御疾病来增强抵抗力一样，人类也需要面对挑战才能修复、学习、适应并成长。没有挑战，我们那与生俱来的反脆弱性（或心理韧性）可能会变得僵化、脆弱，甚至失去功能。若我们一味试图保护孩子远离任何可能发生的坏事，反而会对他们的心理健康产生负面影响。毕竟，风险与压力是生活不可避免的一部分，我们应当帮助孩子发展与生俱来的应对能力，让他们从生活的挑战中学习和成长。

幸运的是，我们正处于一个心理健康问题得到了越来越广泛的讨论的时代。越来越多的人开始意识到，无论是孩子还是成人，面对心理困扰是完全正常的。每个人在某些时刻就是会感到挣扎，需要寻求帮助，没人能完全避免这种状况。这种觉察为我们开启了关于心理健康的对话，使得那些常常被忽视或误解的问题能够被理解、接纳并有效管理。

02
什么是思维

只需运用心智的力量,你就能将杂乱无章的"丑陋思维树"转化为健康茁壮的"智慧大树"!

图 2-1　脑宝宝在好奇"思维"是什么

接下来，我将以简单易懂的语言解释什么是思维，帮助你和孩子轻松沟通这些概念。以下的内容为你提供了一些清晰且有意义的表达方式，但你可以根据孩子的需求和理解能力进行调整。在向孩子解释什么是思维之前，我建议你先仔细阅读本节内容，做好相关笔记，以便更好地传达这些信息。

什么是思维树？

■ **告诉你的孩子**

你所经历的一切都会存储在大脑中，变成属于你的记忆。当你和朋友玩耍、观看电视节目，或者聆听老师讲课时，这些经历都会化作记忆储存

图 2-2 脑宝宝在思考

在你的大脑里。这些记忆逐渐汇聚，形成思维，就像在大脑中长出了一棵棵独特的树。这些思维树承载着你独一无二的故事——没有人会拥有与你完全相同的思维树！

　　我们每个人都有许多故事，因为每天都会发生各种各样的事情。这意味着我们的脑海中生长着无数思维树，就像一片茂密的森林。其中有许多思维树代表着快乐（见图2-3），比如在学校和朋友一起玩耍的时光；但也有一些思维树承载着悲伤（见图2-4），比如你骑自行车时摔倒受伤，或者有人说了让你难过哭泣的话。

图 2-3　一棵快乐的思维树　　　　　图 2-4　一棵悲伤的思维树

根、树干和树枝

为了帮助孩子理解本节中的概念,你可以通过种植植物来进行生动的示范(见图 2-5)。从一粒种子开始,在罐子、花园或窗台的花盆中种植一株植物,让这个过程成为一次互动式的心理健康体验。以下解释适用于 6 岁及以上的孩子。对于 3~5 岁的孩子,可以简化为使用"快乐树"和"悲伤树"的比喻,告诉他们,这些脑中的思

图 2-5 思维树是如何随着时间成长的?

维树是由发生在他们身上的事情而形成的。然后鼓励他们，一起努力把"悲伤树"变成"快乐树"。

■ 告诉你的孩子

　　树木源于种子，种子被种在土壤中后会逐步生长：首先是根，然后是树干，最后是树枝。思维树也是以类似的方式成长的：根部是起点，接着是树干，最终延伸出树枝。思维树的根代表你故事的详细记忆，它们将思维树牢牢扎根于大脑中。树干是你的心智、大脑和身体试图理解这些故事的过程。而树枝则代表你对这些故事的理解和回应——人们如何看待你，以及你如何通过这个故事看待自己。

　　我们所有的感受、言语和行为都源自我们的思维树。例如，情绪（悲伤或快乐）都是由思维树引发的；我们所说的每句话，以及所有的行为（玩耍、画画、看电影、跑步或争吵），也都来自思维树。实际上，没有思维树，我们既无法行动，也无法感受情绪，更无法表达自己！

　　就像树木需要食物和水才能生长一样，我们大脑中的思维树也需要"食物"和"水"才能茁壮成长。不同之处在于，我们思维树的"食物"和"水"就是我们的思考、感受和选择，也就是我们的心智。

　　这些思维树真是太棒了！它们帮助你感受、表达和行动。它们能让你的舌头动起来，说出话语；还能让你的身体活动起来，做出像骑自行车这样的动作。例如，当你在学校学习新知识时，像 ABC 字母表或数学公式，随着老师的讲解，这些新信息会在你的大脑中以思维树的形式生长。然后，当你反复练习 ABC 字母表或数学公式时，这棵思维树就会变得更强壮！事实上，随着你的不断练习，思维树会长出更多的根和枝条，变得更大、更强壮，看起来既美丽又健康。

当发生一些不愉快的事情时，比如在学校被取笑，我们的大脑中也会长出思维树。这些思维树可能会让我们感到悲伤，或者其他不好的感觉。虽然这些树看起来并不美丽，但好消息是，我们可以将这些丑陋的树转变成健康、强壮的树！

脑宝宝可以帮助你学会如何让那些令人悲伤的思维树变得健康。脑宝宝是你的朋友，它会帮助你理解为什么你会感到不开心或生气，并教你如何改善这些情绪。脑宝宝是一个超级英雄（见图 2-6），他会传授给你一个

图 2-6　超级英雄脑宝宝！

特殊的超能力，叫作"神经周期法"。这个方法将帮助你找到并修复那些让你感到不好或混乱的"思维树"。

当你使用神经周期法时，你就是一个真正的超级英雄！

孩子的负面经历将一直伴随他们。因此我们必须明确，我们无法"抹去"那些不好的思维，假装它们从未发生过一样；相反，我们需要通过神经周期法，帮助他们管理这些消极的思维和经历。我们的目标是重构他们的经历，帮助他们不再被这些糟糕的经历所定义。

图 2-7　脑宝宝在思维树的森林中愉快地漫步

03
什么是警告信号

警告信号是提醒我们某些事情正在发生的信使。孩子表现的背后总有一个原因，而他们的警告信号正指向这个原因。这些信号与影响他们心理健康的思维树相关联。

如果我们注意到这些警告信号，意识就会将其背后的思维树带入我们的觉察中。这样，我们就可以在思维树的枝条中找到更多关于这些信号的信息（见图3-1）。一旦发生这种情况，思维树便会发生变化，从而帮助孩子更好地管理并改变它。

警告信号有4个分支。第1个分支代表情绪警告信号，即孩子的情绪体验，如悲伤、快乐、愤怒等。第2个分支代表行为警告信号，表现为孩子的言语和行为方式。第3个分支代表身体感觉警告信号，包括孩子的身体反应。第4个分支则代表孩子的自我认知，以及他们如何基于所经历的事情看待自己的生活，这些属于观点警告信号。

图 3-1 脑宝宝在收集警告信号的各个分支

这 4 种警告信号就像信使，传递着跟孩子心理健康有关的重要信息。通过教导孩子关注这些信号，我们可以帮助他们理解这 4 种信号的含义，并引导他们探索这些信号所指向的内容，以及它们对心理健康的影响。

解读这些信号并处理其背后的思维需要时间，不过有时的确可以迅速完成。其他时候则可能需要更长的时间，具体取决于问题是大创伤、小创伤还是日常困扰。

当我们帮助孩子解读这些信号时，我们将教会他们如何在特定思维树的根部找到"起源故事"。一旦找到根源，他们就能以有利于自己的方式重新定义这段经历，而非让它不利于自己。这意味着这棵思维树仍将作为他们故事的一部分存在（或成为他们思维树森林的一部分），但他们会以更易于管理的方式来看待它。关键在于教会孩子如何应对生活中的挑战，避免被困境完全压垮。

这看似复杂，但通过练习，它会变得越来越容易且充满力量。例如，当孩子开始理解焦虑的来源并学会应对时，他们重新构建出的思维就可能会传递出"平静感"而非"担忧感"。通过这个过程，他们不仅能更好地理解自己为何产生这种感觉——无论是心理上的还是身体上的——还会对自己的行为和观点有更深的洞察。

观察 4 种警告信号

探索警告信号是神经周期法的核心组成部分，我将在本书的第二部分详细讨论这一点。这将帮助孩子理解：他们的经历确实影响了他们看待自己和世界的方式，但他们并非无力改变。他们可以通过调整思维来改变自己的观点。通过这个过程，他们将能够识别自己何时处于心理困扰状态，并建立起一套系统来有效管理这些困扰。

孩子在管理自己对生活的反应时，需要情感上的安全感和认同感，这一点至关重要。这也是神经周期法如此强大的原因。它不仅仅是用一种行为替代另一种行为，而是一种基于科学的技术，帮助我们和孩子理解为什么孩子会有特定的行为表现方式——正如前文这 4 种信号所展示的——以及如何管理这些行为。因此，这不仅仅是增强意识的问题那么简单。神经周期法为孩子提供了心理工具，帮助他们理解行为背后的原因，并学会如何改变这些行为。

如果孩子在心理健康方面遇到困难，神经周期法将教导他们，问题的出现并非因为他们是谁，而是因为他们经历了什么。他们将不再对自己的情绪、行为、身体感觉或观点感到困惑或不知所措，而是会学会接受这些信号，并利用它们来调整自己的心智。这样，他们将能够从生活的混乱中看到信息的价值，并以此来促进自我改变。

第一部分 理解心智运作的关键

■ **告诉你的孩子**

我有一个好消息要告诉你！如果你不喜欢自己当前的情绪、行为、身体感觉和你对生活的看法（观点），你可以运用你的超能力——神经周期法，找到让你不开心的思维树，并将它转变得更加健康、积极，这将帮助你变得更快乐！

要让神经周期法的超能力发挥作用，并找到那些让你不快乐的思维，第一步就是识别那些被称为警告信号的东西，它们是思维树的分支。请再看一下思维树的图片（见图3-1）。这些是你需要留意的警告信号：你的情绪、行为、身体感觉，以及你对生活的看法（观点）。这些警告信号在提醒你，某些事情不对劲。它们会摇晃树叶以吸引你的注意，当你注意到它们时，它们就会把自己所依附的思维树拉到你面前。

下面是4种警告信号的汇总表（见表3-1），以及如何向不同年龄段的孩子解释这些信号的示例。

表3-1 4种警告信号

警告信号	在使用神经周期法时要问的问题	例子	
情绪	3~5岁： 你难过吗？生气吗？ 6~10岁： 你现在是什么感觉？	悲伤 愤怒 沮丧 恼怒 内疚	羞愧 焦虑 抑郁 恐惧 困惑

（续）

警告信号	在使用神经周期法时要问的问题	例子
行为	3~5 岁： 我看到你在做 X，你为什么这么做呢？ 你做 X 是因为 Y 吗？ 6~10 岁： 你在做什么？ 你在说什么？ 你是怎么说的？	语速过快或过慢 不爱说话 使用大量情绪化的词语 发脾气 尿床 和兄弟姐妹/朋友打架 无精打采 大喊大叫 扔东西 哭泣 大喊大叫和说气话 不想玩
身体感觉	3~5 岁： 当你感觉到 X 时，你的身体哪里会觉得疼/不舒服？ 6~10 岁： 当你悲伤、愤怒或快乐时，你的身体是什么感觉？比如当你担心朋友不和你玩时，你的肚子会不舒服吗？	肚子不舒服 头痛 舌头粘在上颚上 肩颈肌肉紧张 发抖

（续）

警告信号	在使用神经周期法时要问的问题	例子
观点①	3~5岁： 有时候，你的思维就像一副不同颜色镜片的眼镜，它们会让你以不同的方式看世界。它们让世界变得更暗还是更亮？事物看起来是可怕的还是不可怕的？ 6~10岁： 你的思维是如何影响你看待这个世界的？发生的事情是如何影响你看待自己的一天的？这让你感觉更快乐还是更不快乐？更困惑还是更清晰？ 你对这个世界有什么看法？你对自己的生活有什么看法？	害怕 困惑 过度警惕 警惕不足 愤怒 抑郁

① 给家长的提示：向孩子解释"观点"可能会有些挑战，因为它通常与情绪感受密切相关。观点是一种态度、心态或看待事物的方式，指的是在特定时间段内（可能是几分钟、几小时、几天，甚至几个月）人们看待世界和生活的方式。承认孩子拥有自己的观点，就是承认他们是独特的个体，因为他们的世界观就是基于自身经历构建的。

■ 告诉你的孩子

4 种警告信号

情绪

行为

身体感觉

观点

健康思维树与不健康思维树的区别

请根据孩子的理解水平,用以下方式向他们解释健康思维树和不健康思维树之间的区别。

■ **告诉你的孩子**

你大脑中的思维树是什么样子的?如果它是一个悲伤或不快乐的故事,那么它就像一棵杂乱无章的树,甚至可能长满了刺。当你回想起那些悲伤的故事时,就像触碰到刺一样,它会让你感到心痛和身体不适。

如果是一个快乐的故事,那么它就像一棵美丽的树。当你和爱的人在一起,做喜欢的事情,玩自己的玩具,这些美好的经历就会在你的大脑中长成茂盛的树,带给你愉悦的感受。你的心智也会通过这种快乐或兴奋的思维树,告诉你的身体它的存在。这让你感觉非常好,甚至想跳起来或大笑。

当别人对你不友好,你做了可怕的噩梦,或者遇到不好的事情时,你的大脑里也可能会长出一棵杂乱无章的树,它的枝条会乱七八糟(这些就是警告信号)。你有没有注意到,当你在学校被嘲笑或是功课让你感到压力时,你的肚子会不舒服?这其实是因为某些事情发生了,你的大脑里长出了这棵杂乱的思维树。然后你的心智通过身体疼痛的方式告诉你,这棵杂乱思维树的存在。这不是你的错,因为这棵树是由你经历的事情引发的,但它确实可能会让你感到害怕或不开心。

故事持续的时间越长,思维树就会长得越大。例如,其他孩子长时间嘲笑你,那棵树就会变得很大,给你带来更多的负面影响。但你可以改变这些不快乐的树!因为你很特别,你有能力修理这些凌乱的树,让它们变得更好,甚至决定自己脑中的思维树长什么样。如果这是一棵非常糟糕的思维树,你可以从根部开始修整它,让它变得更好,最终长成一棵强壮、崭新、美丽的思维树,这会让你感觉更好。

你还可以让那些快乐、美丽的思维树长出更多的枝条,这些树会让你的大脑和身体变得更加健康。随着你用心灌溉,它们会越长越大,你也会感到自己越来越强壮。你可以学习如何运用脑宝宝的超能力——神经周期法,来实现这一切。

图 3-2 脑宝宝正在观察一棵不健康的思维树和一棵健康的思维树

04
"脑宝宝"的超能力：神经周期法

神经周期法是一个有深度、系统化的过程，其核心目标是帮助我们有效管理和利用大脑的神经可塑性。该方法旨在教导我们如何驾驭复杂多变的心智状态，从而实现心理健康的有效管理。

什么是神经周期法？

神经周期法不仅适用于管理日常生活中的挣扎和创伤，还能帮助大脑培养新的、健康的习惯。

这一系统基于我 30 多年研究和临床实践，深入探讨了心智、大脑和身体之间的连接，研究了思维如何形成、思维的本质以及它们如何驱动我们的行为。

在进行神经周期法的五个步骤之前，重要的是让你的心智、大脑和身体为神经周期法激活的神经可塑性变化做好准备。

大脑准备

大脑准备练习是帮助我们平息大脑和身体中神经化学和电磁波动的活动。这些减压练习至关重要，因为在经历有毒压力时，心智、大脑和身体的连接会迅速变得混乱，导致我们难以清晰思考或行动。当我们心智、大脑和身体平静下来时，就能够更清楚地识别到底是什么在影响我们。

图 4-1 脑宝宝正在进行呼吸练习

现在，让我们来看看神经周期法的五个步骤。

五个步骤

神经周期法的神奇之处就在于它很简单，若使用得当，将深刻改变心智和大脑的运作方式。这五个步骤是：

1. 觉察：意识到与思维树相关的警告信号，包括你的情绪、身体感觉、行为和观点。
2. 反思：思考你为什么会有这样的感受。
3. 写/玩/画：整理你的思考和反思，以获得洞察力。对于孩子,这一步会根据年龄有所不同,年幼的孩子可以通过玩耍和绘画来表达。

4. 重新检查:从多个角度审视你的生活模式,包括生活方式、人际关系、反应方式等。

5. 积极行动:采取行动,强化你期望在生活中建立的新的,或重新构建的心智模式,从而替代旧有的有毒循环。

从本质上讲,神经周期的前三个步骤——觉察、反思、写/玩/画——构成了一个系统化的过程,将潜藏的思维带入显性意识,从而削弱这些无意识思维对孩子行为的主导作用。接着,重新检查这一环节通过审慎的评估进一步削弱这些思维对孩子的影响,引导孩子正视现实,接受问题及其对生活的影响——这是已经发生的,我无法改变;并激发他们重新设计思维模式——这是我可以做的。最后,积极行动通过鼓励孩子将重新构建的思维付诸实践,防止他们回到旧的思维模式,避免陷入过度思考和钻牛角尖的困境。在这些步骤的共同作用下,孩子就能逐渐增强自己的心理韧性。

做个类比

以下是一个简单的方法,用于向孩子介绍"大脑准备"。你可以经常参考这个方法。

告诉你的孩子

有时候,我们的思维树可能会感到失控,就像一场大风暴摧毁了森林。当我们经历悲伤或可怕的事情时,感到失控是正常的。

幸运的是,有一些方法可以防止思维风暴伤害你。你可以在思维森林中建造一个避难所,或撑起一把雨伞来保护你的心智免受风暴的侵袭(见图 4-2)。呼吸练习和其他放松活动就是在你感到痛苦时的避难所或雨伞,帮助你抵挡"情绪和警告信号风暴"的冲击。虽然你不可能永远待在避难

图 4-2　脑宝宝在思维森林的风暴中撑起一把雨伞

所或雨伞下，但这些练习为你提供了一个等待风暴平息的空间，让你有机会恢复思维树的健康。

下面是一个向孩子介绍神经周期法的简单方法，你可以经常参考。

■ **告诉你的孩子**

我们每个人的心中都有不健康的思维树，就像图 4-3 这样：

图 4-3 一棵不健康的思维树

不过，我们可以使用脑宝宝的超能力——神经周期法（见图4-4）。

图 4-4 神经周期法的五个步骤

当我们这样做时，就能培养出健康的思维树，就像图 4-5 这样：

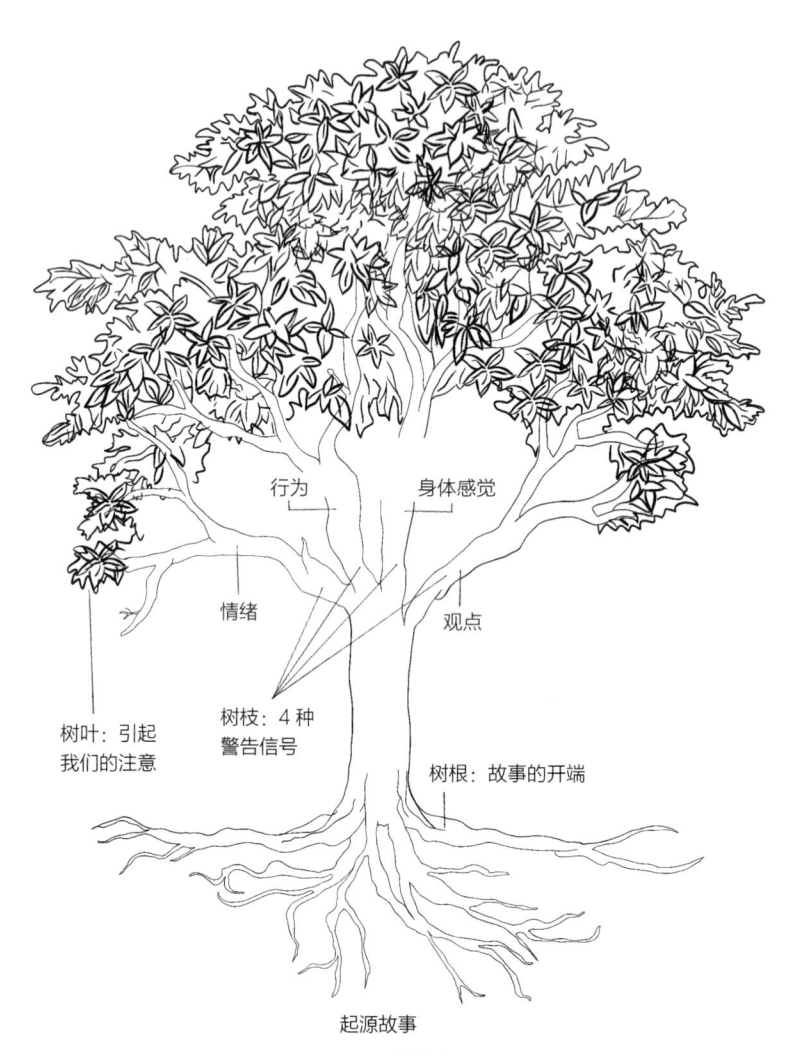

图 4-5 思维树的各个部分

还记得我之前提到的思维树吗？树的根部储存的是原始经历的记忆——那些发生在你身上的故事。树干从根部提取意义，并将其转化为树枝。树干决定了从根部生长出什么样的枝条。如果根部充满病态和混乱，那么枝条也会反映出这种状态。

思维树的树枝反映了你如何看待和理解发生在你身上的事情，以及你如何看待自己，这些都通过4种警告信号表现出来。有时，这些树是不健康的，可能让你感到悲伤。因此，你需要运用神经周期法，来改善这些不健康的思维树。

首先，"觉察"你的警告信号（思维树的枝条），有意识地收集你的感受。这就像是在观察和描述思维树的症状。例如：

- "我感到担忧和沮丧。"（情绪警告信号）
- "我想哭，不想和任何人说话。"（行为警告信号）
- "我的肚子不舒服。"（身体感觉警告信号）
- "我讨厌学校。"（观点警告信号）

"反思"和"写/玩/画"这两步，将帮助你理解这些症状背后的故事。你可以通过问自己这些问题，深入探索你的思维树的根源：

- 为什么我会感到担心和沮丧？
- 为什么我想哭，不想和任何人说话？
- 为什么我的肚子会不舒服？

- 为什么我讨厌学校？

"重新检查"这一步将帮助你修复这棵不健康的思维树及混乱的根部——这些修补是让你的树强壮成长所必需的！在这一步中，你将运用神经周期法，探索你的感受和想法，尝试找到让你经历的事情变得更好的方法。例如，你可能因为一直搞砸工作、朋友嘲笑你、老师对你大喊大叫而感到伤心或沮丧。但你知道，感到悲伤是可以理解的，这并不会阻止你再次做工作，因为妈妈会在家里帮助你，这样，你下次就能做得更好。你也知道，明天当你把作业交给老师看，并向朋友展示你学到的东西时，你会向他们证明自己是能够完成这项工作的。而且，如果某件事很难，哭泣也是可以的。因为你知道自己并不愚蠢，犯错是难免的，这正是你不断学习和成长的一部分！

你的"积极行动"就像每天服用的药物一样，帮助思维树恢复健康。例如，你今天就可以对自己说 7 次："我不是笨蛋，我正在学习。"

05
帮助指南

在与孩子一起使用神经周期法的过程中，关键是要保持灵活性，尤其是对于年幼的孩子。尽量避免过于刻板，要对自己和孩子保持耐心。记住，整个系统的设计和结构是要在减轻压力方面提供帮助，而非增加压力。

发展阶段表

表 5-1 是对不同年龄段孩子发展特征的简要概述，包括他们的思考、感受和选择方式，以及典型的社交互动和语言能力。这些特征可能会因孩子的具体情况而有所不同。此外，表中还提到了如何在每个发展阶段应用神经周期法。

表 5-1　不同年龄段孩子的发展特征

年龄段	特征及建议
3~4 岁	**心智（思考、感受、选择）** 3~4 岁的孩子通常能认识到他们的心智、身体和情绪属于他们自己，开始懂得悲伤、快乐、害怕、愤怒等基本情绪之间的区别。但他们的非意识思维发展较快，所以能够理解的内容往往超出他们实际能表达的范围 **社交互动** 他们开始理解"我的"和"你的"概念，学会分享，想象力也日渐丰富。虚构的朋友在这一年龄段很常见，他们能够分辨幻想与现实，但往往用幻想的方式来理解现实，这与他们的非意识思维发展速度较快有关。这个年龄段的孩子变得更加独立，通常非常活跃，对角色扮演和游戏式示范有较好的反应。他们可能会对想象中的事物产生恐惧，开始关注他人的行为，并对熟悉的人表现出喜爱，这些因素会影响他们的态度。通过想象、游戏或现实生活中的例子，可以有效地向孩子展示同理心的概念 **语言能力** 孩子对一切事物，包括自己的身体，都变得越来越好奇，语言能力迅速发展。通常，他们能够用 3~6 个词组成句子，并能理解你说的大部分话，尽管这种理解还不够深入。令人惊讶的是，他们往往对自己的价值和自尊有着非常敏锐的感觉
和孩子 试一试	**对于这一年龄段的孩子** 可以通过"示范""扮演"和"实物"来帮助孩子练习。一个有趣的方式是准备四个鞋盒，并将它们装饰得既漂亮又富有创意，让孩子参与其中。然后，从杂志、涂色书等材料中剪下代表 4 种警告信号（情绪、行为、身体感觉和观点）的图片，特别要包括年幼儿、大孩子和成人的脸部照片。你和孩子还可以自己画图，或使用玩具和其他物品来帮助理解。这个准备工作本身就是一项亲子活动，可以增进你们的互动。这一年龄段的孩子对许多情绪概念有相

（续）

年龄段	特征及建议
3~4 岁	当深刻的理解，实际上比我们过去所认为的要多。然而，他们可能还没有足够的语言能力来完全描述和解释自己的感受。这时，作为成年人，我们可以通过动作、表演、玩具、图片、音乐和故事书等多种方式，为孩子提供表达和理解自身感受的语言和途径，帮助孩子更好地表达自己
5~6 岁	**心智（思考、感受、选择）** 　　这个年龄段的孩子通常已经开始上学，因此，他们的心智、社交和游戏变得更加复杂，并且会涉及他人和不同的个性。在假装游戏中，他们可能会开始表达更复杂的想法和情绪，因为他们的心智正在更深入地理解周围的世界。你可能会发现，随着他们发展出更好的情绪理解和管理方式，情绪爆发的次数减少了。孩子也更有可能捕捉到社交线索，并认识到持续的情绪爆发可能并不总是对自己有利。此外，你还可能会注意到，孩子变得更有耐心，并且能够更好地运用推理能力。他们能够理解基本的情绪，并且很可能会以更清晰的方式表达出来 **社交互动** 　　此时，家庭仍然是孩子最重要的社交圈，但他们也开始发展出更多的独立性，并在家庭之外结交朋友，积极扩展自己的社交圈，这是他们真正能够掌握同理心的阶段（尽管同理心的概念可以在 2 岁时就开始向孩子展示）。这个年龄段的孩子会发展出更复杂的游戏模式，并与同龄人进行更复杂的互动。他们可能会在游戏中独自或与他人共同创造更多情节，或者尝试共同完成任务。你也许会发现，随着孩子更好地理解自己的情绪，以及在你们的互动中更清晰地表达，他们与你的互动也会发生变化 **语言能力** 　　他们很可能会开始说更多的话，并用语言表达更多的想法。他们可能会经常自言自语，并且随着他们聆听和观察周围的成年人，自己的对话也会变得更加复杂

（续）

年龄段	特征及建议
5~6 岁	**对于这一年龄段的孩子** 可以通过"游戏""玩具"和"艺术"来进行练习，这些工具可以帮助孩子理解更复杂的情绪。在神经周期法的各个阶段，孩子可以通过这些物品或游戏来表达和探索更复杂的感受。你可以让孩子通过"五个步骤"来深入讨论情绪和想法的含义。在引导他们使用神经周期法时，也可以加入不同类型的艺术和手工活动，比如乐高或其他更复杂的儿童玩具。一旦孩子掌握了这些技巧，他们甚至可能希望自己主导这个过程
7~8 岁	**心智（思考、感受、选择）** 孩子通常会表现出更多的独立性，并开始思考未来以及自己在世界中的位置。他们开始理解自己如何看待自身和周围的世界。他们独特的信仰体系变得更加清晰，尽管这一信仰体系在很大程度上仍然受到父母或最亲近的人信仰的影响。他们能够更好地区分幻想和现实，也因此能更好地理解逻辑、情绪和理性之间的关系。此时，他们通常非常清楚需要为某种情绪或面临的问题找到解决办法 **社交互动** 在这个年龄段，被朋友接受变得尤为重要。孩子通常开始渴望承担一些小任务，并会更多地谈论学校、朋友、电影、游戏、书籍等。他们也更容易理解行为与情绪之间的联系，明白人们常常通过情绪表达进行交流。这是一个加强同理心的好时机，也是教育孩子了解情绪表达背后更深层含义的关键时期。此时，孩子通常能够理解他人看待和体验世界的方式是不同的，并能利用这一点与他人进行更深层次的互动，或者解读他人的沟通方式和行为 **语言能力** 他们对语言的掌握更加熟练，能够更清晰地表达自己的想法和感受。同时，他们也更加意识到他人的感受，并能更有效地进行沟通。随着阅读和理解能力的提升，让他们接触一些适合本年龄的与情绪相关的书籍将非常有帮助。这不仅能帮助他们理解自己和他人的情绪，还能教会他们如何在周围的世界中寻找和建立联系

（续）

年龄段	特征及建议
7~8岁	**对于这一年龄段的孩子** 可以通过"社交互动"来进行练习。在这个年龄段，孩子通常希望你参与其中。他们对神经周期法的反应非常积极，因为这个方法迎合了他们对世界日益增长的好奇心和逐步发展的逻辑思维能力。你可以让他们帮忙剪下代表4种警告信号的图片，并在小纸条上写下每种信号的例子，然后将纸条放入相应的警告信号盒中。与5~6岁的孩子相比，他们的书写能力有了显著提升，因此，尽量与他们合作，充分利用他们的能力来加深对这些概念的理解。你可能会发现，孩子开始涉及更为严肃的情绪或他们接触到的事物。在这个阶段，孩子们能够理解暴力、伤害、同伴压力和性等话题。他们可能会提出很多问题，因此与孩子进行开诚布公的对话非常重要——这些话题是可以讨论的，但不必涉及过于详细的内容。此外，这也是向孩子介绍象征或隐喻的好时机，在你们一起探讨或讨论不同情绪和行为时，可以通过这种方式帮助孩子更好地理解和表达这些复杂的概念
9~10岁	**心智（思考、感受、选择）** 在这个阶段，孩子通常会进入青春期前期，许多孩子可能会开始经历青春期的变化，这将显著改变他们感受和体验世界的方式。事实上，不论他们是否进入青春期，孩子在这个年龄段都会经历更为复杂的情感。随着理解能力的提高，他们开始对规则提出更多质疑，这并不一定是坏事——他们正在利用自己深入思考的能力，观察和审视那些对他们而言似乎不合逻辑或不一致的事物。在这个成长阶段，孩子对自己的身体有了更深的认识，并对外貌和感觉更为敏感，他们也开始形成"身体形象"以及对自己在世界中位置的感知。在这一关键时期，通过积极鼓励和接纳各种体形，帮助孩子形成更加积极的"身体形象"至关重要 **社交互动** 孩子开始受到同伴压力的影响，因为他们开始通过社交世界来决定自己如何行动、说话、思考等。他们的友谊变得更加复杂，并且

和孩子试一试

（续）

年龄段	特征及建议
9~10 岁 和孩子 试一试	会在情感上与朋友建立更深的联系。在这一过程中，他们的共情能力也得到提升，更深入地理解与他人互动的意义，并意识到他人的经历与自己的不同。这是教孩子试着理解他人立场的好时机 **语言能力** 孩子的对话能力在显著提升，他们不仅能够进行更长时间、更复杂的交流，还能理解更广泛的概念。尽管他们可能不会总是使用复杂的词语，但对语言中的象征和隐喻已有了更深的理解。他们开始更好地理解不同的信仰体系和世界观，并能够就正义、社会规则等更复杂的主题展开深入讨论 **对于这一年龄段的孩子** 可以通过"鼓励自主"和"赋权"来进行练习。经过几轮神经周期法的练习后，孩子可能会在你的引导下逐渐学会如何主导这个过程。然而，我想强调的是，在这个阶段，尊重孩子的隐私至关重要。有些事情他们可能希望自己写下来并处理，而不希望你在旁边观察或介入，这是完全可以理解的。创造一个开放的环境，让孩子通过参与讨论来表达不同的观点，这会使他们更愿意与你交流。在帮助孩子完成神经周期法的步骤时，或者让他们独立进行时，试着建立一个"无评判区"。在这个区域里，孩子可以在处理情绪和理解生活时，畅所欲言或把任何内容写下来。这将帮助他们发展自主意识，允许他们感受情绪、分析并分解这些情绪，最终专注于有意识地找出前进的方向。你可能会发现，通过与孩子进行这些对话，你也会学到很多！这也是一个很好的方法，为孩子创造一个空间，帮助他们正常地看待那些看似"疯狂"的情绪。在这个过程中，要尽量结合孩子感兴趣的活动。到了这个年龄，他们可能已经有了非常具体的兴趣，如运动、电影、书籍或其他爱好。同时，这个阶段也是焦虑或抑郁情绪更容易出现的时期，你可能会开始看到孩子表现出更"成熟"的情绪。通过鼓励孩子探索自己的情绪和寻找解决方案，帮助他们建立终身的自我调节习惯，这是非常重要的

神经周期法沟通的三大关键

与孩子一起进行神经周期法的练习，不仅是帮助他们发展心智管理技能和改善心理健康的绝佳机会，也是与孩子建立更深层次联系的重要途径，这是作为父母可以做得最关键的事情之一。神经周期系统的核心在于三种独特的互动方式，这些方式能够在父母与孩子之间建立信任，为双方创造美好且持久的关系奠定坚实基础。我将这三种独特的互动方式称为"神经周期法沟通的三大关键"。

关键1：在回应孩子的挣扎时，避免评判他们作为个体的价值。

这是让孩子感到被听见并强调他们作为独特个体价值的有效方法。例如，孩子可能看起来对你态度不好，但实际上他们只是对某个具体的事情感到恼火。因此，与其直接反应："你的态度真差！"不如描述你观察到的："我看到你似乎很恼怒，是有什么事情让你不开心吗？"这种回应方式让孩子感到被倾听，而不是被评判或忽视。他们感到被听见时，会在更深层次上倾听并与你互动。这种互动方式在整个神经周期中都会发生，特别是在"觉察"这一阶段。

关键2：关心孩子的需求和愿望。

在忙碌的生活中，我们可能会不自觉地对孩子发号施令，告诉他们需要做什么。虽然生活中确实需要完成一些事情——这种需求本身并没有问题，但我们也需要确保关注孩子的需求和愿望。通过问问孩子需要什么或想要什么，不仅能够确认他们的需求，还能表达我们对他们的重视和关心。

关键3：鼓励孩子表达自己的观点和看法，而不是让他们闭嘴。

倾听的目的是了解他们在想什么。这为建立合作性和促进性的关系奠定了基础，同时也有助于培养和增强孩子的推理能力、深层直觉思维能力以及同理心。

06
自我调节的力量

自我调节是我们能教给孩子的最强大的一项技能,因为它是培养孩子终身可持续心理韧性的确凿、有效方法。

执行神经周期法的五个步骤能够提升我们的自我调节能力,这是一项关键技能,有助于我们维持和改善心理健康。正如前面所提到的,心智包括我们的思考、感受和选择,而自我调节则是我们如何管理这些思考、感受和选择。我们通过审视和管理本章第3节中讨论的4种警告信号来实现这一点。

图6-1中的脑宝宝感觉很糟糕,他正在审视自己的4种警告信号,并在心里问自己:"我现在的感受如何?我在做什么、说什么?我的身体感觉如何?我的态度是什么?为什么我会这样表现?"

我们可以在清醒时学会调节自己的思考、感受和选择。这不是自我专注,也不是简单地盘点我们的感受。相反,自我调节是一种深思熟虑和有意识的选择,让我们能够退一步观察自己的表现,并根据需要进行调整。这不仅仅是正念意识,而是在正念意识的基础

图 6-1　脑宝宝在思考:"为什么我会这样表现?"

上,进一步利用我们当前的觉察做出的调整。这种方式可以在当下进行,也可以随着时间的推移,帮助我们应对已经成为破坏性习惯的固有模式。

神经周期法将帮助孩子发展自我调节技能。这一心智管理过程为他们提供了一种处理思维树的方法,旨在帮助他们面对和应对挑战。

事实上,有序的自我调节可以培养并激活我们与生俱来的自然韧性，并随着时间的推移使其越发强大。韧性是一个过程，与灵活性密切相关，也可以称为"可能性心态"。这种心态是："我会做必要的事情来完成任务。我能够克服这个难关。事情已经发生，我现在能做什么？"这种心态将帮助孩子应对未来的危机、挑战和情绪波动。本质上，它充满了希望和激越的能量。

这一点非常重要，因为当我们认为某件事必须以特定方式进行时，我们的思维往往会陷入僵局。所谓的可能性心态，本质上是认识到每个问题不止有一种解决方法。当事情没有按照预期发展或未能如计划进行时，我们不必因此感到困顿。在生活中，我们可以专注于目标，同时从多种可能性中做出选择。允许不同的可能性存在，将有助于我们在面临失败时保持积极心态，而不至于感到沮丧。

在孩子学习理解和使用神经周期法的初期，你可以与孩子一起进行"共同调节"。共同调节是父母与孩子之间一种舒适且富有洞察力的互动，提供了积极支持、协作指导和行为示范，帮助孩子观察、理解并管理他们的思维，以及随之而来的情绪、行为、身体感觉和观点。随着孩子自我调节能力的增强，你的共同调节角色也会发生变化。你不会停止帮助他们，而是会从主导角色转变为辅导角色。

当孩子通过神经周期法应对挑战时，他们会意识到自己所经历的挣扎是非常真实的，并且你承认和认可了他们的痛苦。他们会明白自己并不孤单，寻求帮助是可以的，他们能够克服眼前的困难，并学会如何应对和管理自己的痛苦。

不幸的是，许多成年人告诉我，他们从未学会如何理解自己童年时期所经历的一切，因此他们压抑了内心的痛苦，这最终在生活中显现出来，导致心理健康状况的恶化。这并不奇怪，因为被压抑和未处理的创伤往往让我们更容易遭遇各种心理和身体问题。压力就像火山一样积累，最终爆发时，它会对我们的自我认知、言行产生负面影响，成为我们的一种警告信号。在许多情况下，我们对生活的不健康反应实际上是一种应对当前困境的方式，是保护自己免受无法理解的情绪伤害的机制。然而，从长远来看，这些感受和行为是不可持续的，如果不加以管理，往往会让情况变得更糟。

幸运的是，通过本书中的心智管理技能，你可以积极主动地赋予孩子自我调节的能力。从他们很小的时候开始，你就可以教导他们学会如何应对生活中无论年龄大小都会遇到的起伏与挑战。

向孩子介绍神经周期法的一个有效方式，是将其比喻为"走进充满思维树的森林"（见图6-2），并结合玩具，为年幼的孩子提供一个生动的方式，帮助他们理解这一概念。

你可以向孩子解释，他们的脑海中也有一片属于自己的思维森林，需要他们像园丁一样用心照料。当他们遇到一棵看起来有些凌乱的、悲伤或不开心的树时，他们可以像给树除草或浇水一样，给予它关注和护理，确保它得到足够的养分，最终变得健康强壮。

例如，你的孩子和兄弟姐妹吵架了，感到非常难过；他们可能

图 6-2　脑宝宝在思维树的森林中漫步

会对这场争吵耿耿于怀，几天后再次发生冲突，并开始翻旧账——这种情绪和反应自然地会影响他们的行为。在这种情况下，你可以向孩子解释，第一次吵架的记忆在他们的大脑中形成了一棵思维树，影响了他们的感受和对兄弟姐妹的态度。这棵思维树凌乱且带刺，叶子也枯萎了。然而，作为"心灵园丁"，他们可以通过使用神经周期法来修复这棵树，让它重新焕发活力。

重要的是向孩子解释，这个过程并不意味着要摆脱或摧毁那棵悲伤的树。他们并不是要忘记或抹去自己的经历。事实上，我们无法做到这一点，因为我们的故事永远不会消失，我们只是学会以不同的方式看待它们。你的孩子正在学习如何从新的角度看待这棵树，或者以一种他们能够与之共存的方式重新设计它。

正如你在图 6-3 中看到的，a）中的脑宝宝试图摆脱那棵思维树，但他的故事并不会消失，因此树只暴露了腐烂的根。b）中的脑宝宝正在清理泥土，准备为腐烂的根施加植物营养来修复它们。c）中的脑宝宝重新栽种了修复过的根，使树能够以健康的方式重新生长。d）中的这棵树在第 21 天几乎恢复了健康。e）中的这棵树在第 63 天完全康复！

要重新设计这棵树，我们需要从根部开始。如前所述，根部代表着种下思维树的"起源故事"。你可以向孩子解释，他们需要围绕思维树挖掘并检查根部，弄清楚是什么导致这棵树看起来如此杂乱，又不健康。

在孩子完成神经周期法的过程中，他们基本上是在"修补"混乱的树根。如果他们能坚持 63 天（这是建立一个新思维或记忆所需的最短时间），这棵树就会重新生长，变得健康。根据树根的毒性和稳固程度，孩子可能需要多个 63 天的周期才能"修补"完成。然而，正如图 6-4 所示，随着时间的推移，老树的记忆（经历）仍然存在，但它会逐渐缩小，并不再像健康的树那样充满力量。这就是

第一部分 理解心智运作的关键

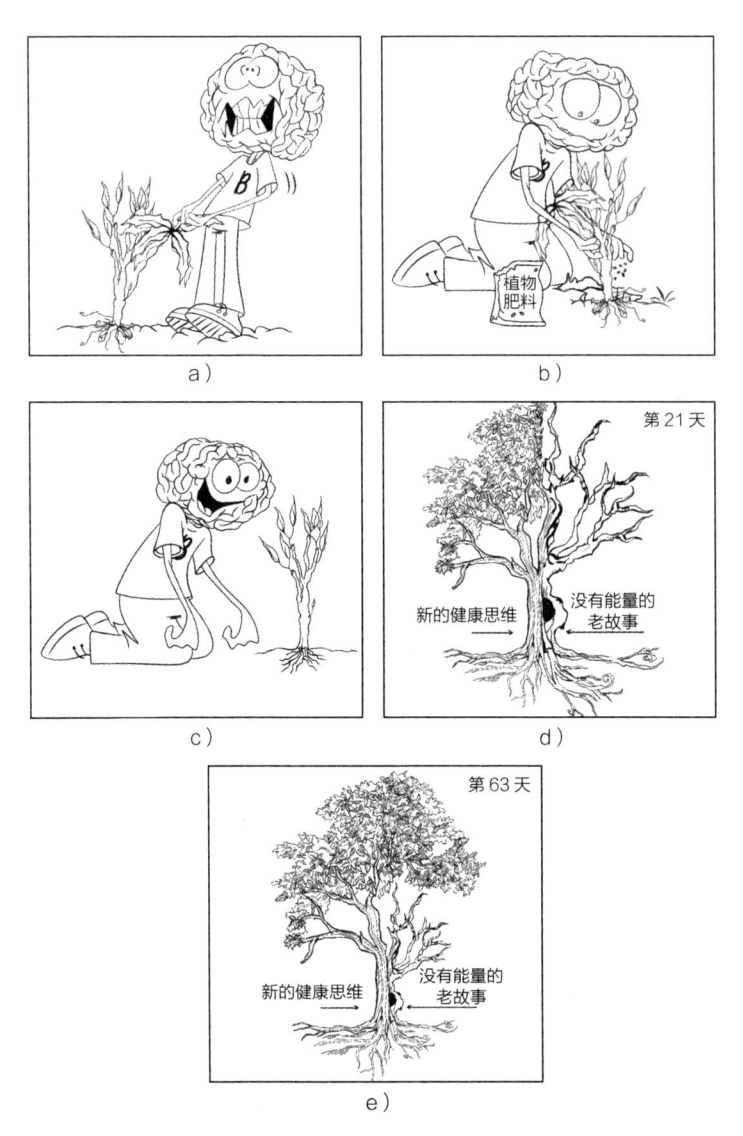

a)

b)

c)

d) 第21天　新的健康思维　没有能量的老故事

e) 第63天　新的健康思维　没有能量的老故事

图6-3 当脑宝宝修复思维树时，会发生什么？

053

图 6-4　脑宝宝感觉好多了，因为现在他能够掌控那些旧故事了

重新定义一段经历的意义所在。我们并不是要教孩子忘记或抹去过去发生的事情，而是要教他们学会如何处理混乱的生活。

　　有些思维及与之相关的情绪需要比其他思维和情绪花更多的时间来处理，因为某些经历对我们的思考、感受和选择有更大的影响。这是正常的。重要的是要让孩子知道，感到悲伤和体验其他情绪是可以的。正如前文所述，当你让孩子知道他们不必忽视或压抑这些感受时，他们就能明白，这些感受就像他们大脑中的冬季森林——它们不会永远存在，春天很快就会再次到来（见图6-5）。

图6-5　脑宝宝在完成神经周期法后，感觉好多了

07 使用神经周期法前的大脑准备
08 第一步：觉察
09 第二步：反思
10 第三步：写/玩/画
11 第四步：重新检查
12 第五步：积极行动
13 神经周期法的时间安排

第二部分
与孩子一起使用神经周期法

接下来，你将学习如何运用神经周期法来管理自己的心理健康，同时也会学会如何教导孩子并与他们共同使用这一方法，帮助他们更好地管理自己的情绪。记住：这将是你和孩子通往心理健康自由的超能力！

07
使用神经周期法前的大脑准备

当我们让心智、大脑和身体平静下来时，就能找出影响我们的根本原因。

试想一下：我们通常会在家里准备急救箱，以便有人在割伤或擦伤时能及时处理伤口。我们总是准备好应对紧急的身体健康问题，却往往忽视心理健康也需要关照。这里有一个你可以和孩子一起做的活动：坐下来，创建你们自己的"心理急救箱"，把所有能帮助你和孩子在感到不安时管理心理健康的物品放进这个急救箱里，把这个急救箱放在常规急救箱旁边，提醒自己心理健康和身体健康一样重要。你可以在急救箱里放一些让孩子开心的画，或者一些能让他们平静下来或暂时分散注意力的物品，比如，指尖陀螺或可爱的减压球。你甚至可以放一张孩子在他们最喜欢的地方或与最喜欢的人在一起的照片，或者一本能让他们平静下来的书。

以下是一些简单的大脑准备练习，你可以在使用神经周期法之前或之后，或在任何需要的时候与孩子一起做：

> 和孩子试一试

图 7-1 脑宝宝正在做呼吸练习

1. 呼吸练习

对于 3~10 岁的孩子来说，深呼吸是一种简单而有效的减压练习。和孩子一起做这个练习的最佳方式之一是教他们深吸气 3 秒钟，然后用力呼气 7 秒钟。重复 3~5 次。孩子可以选择站着、坐着或躺着做这个练习，选择他们最舒适的姿势即可。

你可以这样说，这样做。 你可以这样告诉孩子："把手放在肚子上。现在，在我数到 3 时，深深地吸一口气，然后在我数到 7 时，尽可能用力地呼气。"对于年幼的孩子，你只需让他们模仿你深吸气并用力呼气，因为他们可能在速度上跟不上你。

和孩子试一试

你也可以先做个示范，演示深呼吸，然后说："现在，让我们一起试试这个，因为它会让你感觉好一些！"多做几次练习，直到孩子熟练掌握这个方法。

2. 运动

运动对孩子尤其有益，因为它可以帮助他们释放内啡肽、血清素和肾上腺素，同时提高他们的能量水平，从而帮助他们更好地专注于神经周期法的练习。

<和孩子试一试> **你可以这样说，这样做。** 开始这个活动时，选择一个你和孩子可以一起做几分钟的运动，最好是他们会喜欢的。你也可以让孩子选择一种运动，比如，开合跳、跳绳、跳舞、扭动脚或脚趾，或者像在客厅里走动这样简单的活动。做这些动作时，你和孩子可能会感到别扭，没关系。自嘲一下，互相嘲笑，允许自己在这一刻变得有点滑稽。

让孩子关注于运动带给他们身体的感觉。问问他们是否感到兴奋，疲倦，动作滑稽。这对孩子来说就像是一种积极的冥想，帮助他们专注于身体的感觉。通过反复练习，孩子将会更加专注于自己的身体，并将注意力集中在当下所做的事情上。

这种有意识且有方向的运动，通过让孩子专注于自己的身体和他们能够做的事情，帮助他们将注意力从挣扎中转移开。这是让他们为神经周期法第一步——觉察——做好准备的绝佳方式。

这个活动可以根据需要持续进行，关键是运动到你感觉孩子的情绪变得更加平静为止。

3. 创造力

发挥创造力是让心智、大脑和身体平静下来，进行减压的有效方式，可以在"神经周期法"前后进行。同时，发挥创造力也是释放压抑情绪的极佳方式。

你可以这样说，这样做。首先，让孩子选择一项他们喜欢的创意活动，例如，画画、涂色，玩橡皮泥或乐高积木等。

让孩子涂鸦，涂色，绘画，搭出来他们喜欢做的三件事或他们最珍惜的三个回忆。通过这种强调创意的可视化练习，孩子可以将注意力集中在那些带给他们快乐的事物上，从而更好地管理那些在让他们感到难以承受的情绪。

当孩子以创造性的方式可视化一个快乐的想法或回忆时，他们正在大脑中建立健康的神经网络，这些网络像是支持系统或保险政策，在需要时为孩子提供帮助。通过这种方式，他们实际上在增强自己的心理韧性！

其他大脑准备或减压活动的例子：教导孩子积极的肯定性语句，让孩子重复一句能给他们带来安慰的名言或祷告，听音乐，让孩子

和孩子试一试

演奏他们喜欢的乐器。这些只是一些常见的建议，实际上还有许多其他你可以与孩子一起做的减压活动。

关键是要关注孩子喜欢什么，哪些活动能带给他们快乐并帮助他们平静下来。然后，利用这些信息，你可以创造出个性化的方法，帮助孩子放松心智、大脑和身体，为神经周期法的实施做好更充分的准备，使他们更加专注。

尽量避免急于求成，也不要因为孩子难以集中注意力或情绪激动而感到恼火。在紧张的情况下，急躁和愤怒会增加我们心智和大脑中的负面能量，这些能量会导致不健康的思维树生长，进而增加问题的复杂性。体内和周围的负面能量会影响我们的情绪，阻碍我们保持清晰的思维和做出冷静的反应。

08

第一步：觉察

"觉察"这一步能帮助孩子学会识别和命名那些难以处理的情绪，以减轻情绪的冲击，使他们能够更有效地进行自我调节。

"觉察"是神经周期法的第一步，它是一种有意识的觉察，聚焦于特定信息——它超越了普通的意识。在这一步，你需要教导孩子聚焦并专门关注第一部分中讨论的 4 种警告信号：情绪、行为、身体感觉和观点。当孩子进行这一过程时，你要鼓励他们多问"是什么"和"怎么做"的问题，目的是获取有助于理解他们内心发生的事情并改善心理健康的信息。

和孩子试一试

对于 3~6 岁的孩子来说，你可以通过示范和表演的方式，引导他们完成神经周期法的第一步。我建议装饰 4 个盒子——鞋盒是一个很好的选择——并用图片将它们填满，每个盒子中的图片代表 4 种警告信号中的一种。第 1 个盒子放置与情绪相关的图片，比如，你可以从杂志、其他涂色书及互联网中收集这些图片，尽量收集代表多种不同情绪的图片。第 2 个盒子用来放置与行为相关的图片，如扔玩具或哭泣等行为。第3个盒子则专门放表示身体反应的图片，如表示肚子不舒服或头痛等身体不适的图片。

你可以不使用图片，而是将两副太阳镜放入第4个盒子来代表"观点"——一个人如何看待生活。一副太阳镜可以是彩色的和漂亮的，另一副则可以是暗色的或破损的。接着，你可以让孩子戴上那副代表他们此刻如何看待生活或当前情境的太阳镜，是觉得事情很糟糕、很可怕，还是相信一切都会好起来。

对于7~10岁的孩子来说，你可以结合图片和纸上写的文字来使用盒子。因为"观点"是最难向孩子解释的警告信号之一，所以你也可以展示前文"什么是警告信号"中脑宝宝拿着两副太阳镜的图片，帮助孩子更好地理解这一概念。

在你的盒子里，放入幼儿、大孩子，以及成人的脸部图片是很重要的，这有助于孩子理解这些问题会发生在不同年龄段的人身上。你还可以将你和孩子一起画的图片、物品或玩具放进盒子里。

在开始实施神经周期法之前，和孩子一起制作这些盒子是一个可以让大脑做好准备的有趣活动。这个过程不仅能够让孩子积极参与进来，还能增加他们实施神经周期法的兴趣，同时也能将整个体验转化为一种游戏，而不是一个需要完成的任务或负担。

此外，如果孩子需要一些时间才能掌握这个步骤，也不用担心。最近的研究表明，2~4岁的孩子对情绪概念的理解已经相当深刻，远超我们以往的认知。然而，由于他们通常缺乏足够的语言能力来清晰描述和解释这些概念，这时我们作为成年人就可以提供帮助。我们可以通过提供词语，并让他们用动作、表演、玩具、图片、音乐、故事书等多种方式更好地表达自己。

"觉察"的步骤

1. 使用脑宝宝"觉察"图片（见图8-1），你可以这样对孩子说："我们来找找看，是什么让你大脑中的思维树变得混乱，导致你感到难过。"

2. 把4种警告信号盒子放在家里容易拿到的地方，随时准备好。逐个打开盒子，帮助孩子选择最能代表他们情绪和身体感觉、行为和观点的图片或物品。

3. 如果孩子感到困惑，可以提醒他们，脑宝宝捡起的那些树枝代表着他们的警告信号。你可以通过提问来引导孩子完成这一过程（如需帮助，请参考前文"什么是警告信号"）。

例如，从情绪盒子里拿出一张有悲伤面孔的图片，问孩子这是否是他们现在的感受。你可能需要翻阅所有的图片，找到最能表达他们情绪的那一张，或者你可能需要添加一种新的情绪——一种快速的方法是用笔在便签上画出几张情绪表情，告诉孩子，如果有需要的话，你们今天晚些时候可以一起找到或画出更多的图片。随着你找到更多的图片，或者孩子对复杂情绪的理解逐渐深入，你可以

> 和孩子试一试

图 8-1 脑宝宝正在收集 4 种警告信号的线索

不断将新的图片添加到盒子里。代表不同情绪的图片或物品越多越好！

让孩子从一开始就积极参与到这个过程中，他们可能会开始自己寻找图片或物品放入自己的盒子里。尽量鼓励他们经常这样做，因为这不仅能帮助他们逐渐意识到自己情绪的复杂性，还能让他们明白自己拥有一个安全的空间来处理这些感受！对于7~10岁的孩子，可以使用带有更多文字的图片，或让孩子写下他们的感受——无论哪种方式，只要对他们有效，都可以采用！这种方法适用于4个盒子。

4. 花5~15分钟来完成这项活动。如果孩子需要更多时间，也没关系；如果他们在任何时候想停止，也可以，只需在当天晚些时候或第二天从中断的地方继续活动即可；如果孩子感到沮丧或情绪不佳，休息一下，和他们一起做些放松活动，帮助他们平静下来（参考前文"使用神经周期法前的大脑准备"）。

09
第二步：反思

"反思"这一步至关重要，因为通过这一过程，思维会变得更加脆弱，从而为改变它创造条件。

"反思"这一步是帮助孩子探寻4种警告信号背后更深层含义的过程，实质上是在教孩子如何检查这些信号的细节，即思维树上的枝条，以揭示情绪、行为、身体感觉和观点背后的原因。

> **和孩子试一试**

创建一个包含多种情境图片的"反思箱"会非常有帮助。例如，成年人对孩子大喊大叫的情境，教室里老师面对一群喧闹的孩子的情境、有人被欺负或嘲笑的情境等。这些只是可以放入"反思箱"的一些示例，你也可以根据孩子对这些概念的独特理解，选择匹配的图片或物品。随着孩子发现更多喜欢的图片和物品，这将成为一个持续发展和不断完善的过程。

对于6~10岁的孩子来说，他们可以在纸上写下一些单词和短语。不过，请记住，我们无法预见所有潜在的情况，因此，在与孩子一起处理这些情境时，应及时添加新的单词和短语。这些反思是由当前经历中获得的新信息触发的。

你可以这样向孩子解释：这就像脑宝宝挖开树根周围的土壤，让树根露出来，从而找出问题所在，当树根暴露出来时，树木会受到震动，不健康的树枝会松动，这样就更容易收集和分析它们，进而找到让树木变得更好的方法。这是一个非常重要的步骤，因为它能削弱思维的力量，从而为改变思维创造条件。

"反思"的步骤

1. 使用图 9-1 和前文 4 种警告信号的图片，你可以这样对孩子说："看看脑宝宝是如何盯着树枝看的。好吧，这正是我们要做的事情——尽量找出更多细节，看看你脑海中那棵混乱思维树的枝条上有什么，了解是什么让你感到难过、生气、害怕、沮丧、困惑，或者任何其他情绪。"

2. 接下来，使用孩子在"觉察"这一步时从警告信号盒子里选择的图片，开始提问、回答和讨论的过程。针对每一个警告信号，使用"为什么""如何""何时""谁"和"在哪里"的问题。在这一步，你是在扩展第一步收集的信息，并获得更具体的警告信号描述。例如，可以从情绪开始提问："你为什么觉得_____？"

然后为孩子提供一些选项，因为他们可能没有足够的词语来描述自己为什么会有某种感觉。例如，你可以这样问他们："你感到

和孩子试一试

图 9-1　脑宝宝正在"反思"他的警告信号，试图理解这些信号所传达的信息

难过是因为有人说了什么让你难过吗？是这样吗？他们说了什么？"接着，你可以问："你能用你的玩具来告诉我发生了什么，还是你想找一张图片来告诉我发生了什么？"

对于 3~6 岁的孩子来说，你可以通过角色扮演或玩具来提问。有时候，让孩子最喜欢的玩具或用他想象中的朋友来回答问题会更容易，这样可以在孩子和事件之间创造一定的距离。孩子可能会自发地这样做，或者如果孩子难以回答，你可以尝试这种方法。

3. 然后，关注行为的警告信号并重复上面的过程。你可以这样和孩子说："我注意到当你感到难过时，你不想玩，因为＿＿＿（描述你们一起解决的情感警告信号的内容）。"这样做是在帮助孩子建立警告信号之间的联系。你与孩子一起进行这些练习的次数越多，他们就越能靠自己来建立这些联系。

4. 接下来，关注身体感觉的警告信号。向孩子展示脑宝宝的图片，并用类似以下的提问来重复上面的过程："悲伤（或其他情绪）让你的身体感觉如何？你的肚子疼吗？还是因为感到悲伤，肩膀会觉得紧绷？"通过大量示范，和孩子一起表演出来。

5. 最后，关注观点的警告信号，让孩子戴上他们认为最能展示他们如何看待或理解经历的任何一副太阳镜。你也可以让他们从前文脑宝宝手拿太阳镜的那张图片中选择一副，或者让他们解释或表演发生的事情如何影响他们对朋友、学校、兄弟姐妹、家人或自己的看法和感觉。

6. 花大约 5~15 分钟来完成这个过程。如果孩子需要更多时间，也完全没问题。你还可以使用第一步"觉察"中的提示，帮助孩子更好地理解如何完成这一步。

7. 如果孩子在任何时候想停下来，也可以；只需在当天晚些时候或第二天从中断的地方继续即可。如果孩子感到不安，可以停下来，和他们一起做一些放松活动，帮助他们平静下来（参考前文"使用神经周期法前的大脑准备"）。不要强迫孩子，始终保持开放的态度，为他们创造一个安全的空间，让他们在自己的节奏下处理情绪。

8. 对于所有年龄段的人，重点是通过重新措辞或扩展他们的句子来帮助他们表达自己，然后问："这是你正在经历的吗？如果不是，你能帮我理解吗？"这样可以让孩子感到被倾听和认可，并使他们感觉到自己有一个安全、不受评判的表达空间。

10
第三步：写／玩／画

"写"和"画"是通过"把心智写在纸上"，将混乱转化为秩序。这是一个非常重要的步骤，因为如果我们不帮助孩子释放压抑的负面思维，这些思维将会根深蒂固，可能导致更多的心理和身体困扰。

"写／玩／画"这一步通常与"反思"紧密相关，它们常常同时进行。"反思"有助于揭示信号背后的原因，而"写／玩／画"则帮助孩子深入挖掘信号的具体信息，包括"如何""何时""何人"和"何地"，即表现方式、发生时间、涉及人物和发生地点。

"写／玩／画"这一步是一个非常具有启发性的过程，它能够将关于思维的记忆提取出来，使其更加清晰，并帮助释放那些被压抑的思维，使其从非意识中显现出来。孩子可能会记起一些他们没有意识到但一直困扰着他们的事情，或者与他们的反应和行为方式相关的经历。

"写"和"画"通过"把心智写在纸上"，将混乱转化为秩序。这是一个非常重要的步骤，因为如果我们不帮助孩子释放压抑的负面思维，这些思维将会根深蒂固，可能导致更多的心理和身体困扰。对于年龄较小的孩子来说，角色扮演或使用玩具也可以成为他们"写"的一种方式——表达和澄清自己的想法。这不仅能帮助孩子厘清思绪，还能帮助你更好地理解他们正在经历的事情，从而有效地支持他们完成神经周期法。

"写/玩/画"的步骤

1. 这一步的目的是帮助孩子捕捉并扩展他们在完成第一步和第二步时发现的 4 种警告信号的内容。因此，在完成其他两个步骤后不久进行这一步，或者与第二步同时进行，都是很好的选择。

2. 使用图 10-1 和前文 4 种警告信号的图片，你可以这样说："今天我们要和脑宝宝一起写、玩和画，通过这种方式，我们将帮助你的大脑找到使你悲伤（或其他感觉）的原因。"孩子可以在笔记本或纸上写下他们的想法，或者如果他们喜欢，也可以画一幅画，描绘他们刚刚发现的一切，或者通过角色扮演来表达他们想要表达的内容。然而，重要的是让孩子明白，这与放松活动不同。无论他们选择做什么，都应该有意识地专注于他们想要表达的内容和思考背后的原因。

3. 鼓励孩子写下或画出他们意识中浮现的任何想法，即使这些想法当下看起来没有意义。鼓励孩子畅所欲言，不必担心是否写得

图 10-1　脑宝宝正在写下他的信号和反思

整齐或画得漂亮！他们可以在"重新检查"这一步中整理这些内容。"写"在组织思维和激活左右脑方面起着重要作用，一开始看起来有些混乱也是正常的。

11
第四步：重新检查

这一步的目的是帮助孩子接纳自己的经历，同时赋予他们重新定义这些经历的能力，使这些经历不再主导他们的情感和行为。

在这一步中，你将帮助孩子重新设计他们的故事，修复思维树上凌乱的根部，以消除对他们心理健康的负面影响。这一步的目的是帮助孩子接纳自己的经历，同时赋予他们重新定义这些经历的能力，使其不再主导他们的情感和行为。这将教会孩子以全新的视角看待自己所经历的事情：是的，这件事发生在我身上，并且影响了我的思维、情绪和行为，但我能做些什么呢？我该如何修补我的故事？如何让这棵思维树变得健康？

此时，请记得提醒孩子留意自己的应对机制对他人的影响，这也能帮助孩子理解，他们的思维和反应不仅会影响自身，也会影响到他们的人际关系，而这也是同理心发展和自我调节的一部分。

"重新检查"的步骤

1. 向孩子展示图 11-1。你可以这样对孩子说:"我们要尝试以不同的方式来看待这棵思维树。是的,事情已经发生了,但我们能做些什么来改善它呢?我们可以用什么方法来修补这棵思维树,让它变得更健康呢?"

图 11-1　脑宝宝正在思考如何让他的思维树变得更健康

2. 你可以通过两种方式与孩子一起将这一步可视化。首先，如果存在源自痛苦创伤或有毒经历的既定模式，可以将其想象成一棵丑陋、有毒或带刺的树，这棵树正在破坏周围的土壤和其他思维树。在这种情况下，孩子需要挖出这棵思维树，修复它的根部，使其不再长出刺或毒害周围的土地。

完成这一步后，孩子就可以将思维树重新种回土壤中，它将以更加健康和美丽的方式重新生长——变成一棵健康的思维树。此时你可以更容易向孩子解释，对发生在他们身上的事情的记忆会成为他们故事的一部分，永远不会消失。他们并不是在砍掉这棵树或种一棵新树来掩盖过去，而是不希望毒素继续蔓延或让这棵树保持原样。这也是为什么在第四步中，他们要修复树的生长方式，让它变成一种不会伤害他们生活能力的东西。他们要去除那些带来痛苦的、有毒的刺，并修补思维树，使它重新生长成一棵不会引起他们那么多痛苦的树。

重新修复的思维树的特点是接纳感——他们与过去和解，这在脑宝宝看着一棵枯萎、一棵绿叶茂盛的树的图像中得到了体现。旧的故事与重新构建的思维相连，然而，新的绿叶更大、更有力量，而旧的故事则作为过去的阴影留在那里——它已经不再毒害这棵树了（见图11-2）。

将这一过程可视化的第二种方法针对的是那些已经发生的，但程度较轻、不属于重大创伤的有毒经历，尽管这些经历在当时可能

图 11-2　脑宝宝开心地看着新的健康思维树

会让人感到痛苦,但它们不像创伤那样强烈或深刻,对我们的幸福感造成的破坏也小得多。在这种情况下的画面是一棵树,树叶枯萎、树枝折断、树根腐烂,甚至有虫子在啃食树木。这些信号通过"觉察""反思""写/玩/画"步骤得到识别。

当孩子进行"重新检查"时,他们通过修剪树枝、施肥和浇水,去除树上的虫子、枯叶、断枝和腐烂的根。然后树木重新生长,长出健康的绿叶。虽然记忆中那棵破损、不健康的思维树依然存在,但它已成为一个褪色的影像，仅象征着曾经伤害他们、让他们感到担忧和恐惧的旧故事。这棵曾经不健康的思维树如今不再对他们产生任何影响。

3. 孩子可以通过回顾在第一步中写下或画出的内容并解释他们所看到的，来完成这个过程。接着，他们可以添加更多的图片、图画和信息，使用箭头、圆圈、方框或任何他们想用的工具来整理信息，使思维更加清晰和有条理。这就是"拔出根部并修复叶片"的过程。

当孩子这样做时，你可以帮助他们看到，他们的故事是如何通过改变他们的情绪、行为、身体感觉以及观点，来影响自己和他人的。你可以使用前文 4 种警告信号的图像，帮助他们讨论，他们在做什么，以及这些经历是如何影响他们的。

> 和孩子试一试

你还可以通过将一杯水倒满直到溢出，或将气球充满水直到爆炸，来帮助孩子理解这一点——就像他们大脑中那棵不健康的思维树一样。你们甚至可以一起建造一座迷你火山作为练习，并告诉他们，火山爆发时喷出的"熔岩"代表着他们的警告信号，而防止爆炸的方法就是让思维树变得健康。

4. 接下来，帮助他们看到自己的应对机制——警告信号——对他们自己以及他们所爱之人的生活的影响，并思考他们可以如何以不同的方式行事。例如，他们的情绪崩溃让他们感到非常糟糕和困惑，也让他们所爱的人——父母、兄弟姐妹或朋友——为他们感到难过。强调这不是他们的错，其他人受到影响是因为爱他们，他们的行为会影响到他人。

这个练习的目的是帮助孩子培养自我意识，而不是让他们感到内疚或惩罚他们。通过这个过程，孩子可以明白他们的一言一行如何影响周围的人——这影响既可以是积极的，也可能是消极的。与他人相关的自我意识非常重要，这是自我调节和同理心发展的关键部分。

5. 在这个步骤的这一阶段，恭喜孩子完成了所有的工作，强调他们能说出这些话是多么棒！告诉他们，谈论情绪并不容易，你们会一起找到应对的方法——他们并不孤单。这会给孩子一种控制感和自主感，并帮助他们感到被认可。

6. 接着，你们可以讨论如何寻找其他更有效的方式来感知或看待这种情况，从而中和它对他们生活的影响，这就是"让思维树变得健康"的步骤。虽然这不会消除挣扎，但它会帮助他们管理挑战，并找到前进的道路。

例如，如果你的孩子在阅读方面遇到困难，感到沮丧，你可以这样说："学习阅读时遇到困难是正常的，每个人都会面临不同的挑战，你心里感到挣扎是可以理解的。但是，如果你忽视自己的感受或逃避学习阅读，即使你感到困难，也不会对你有所帮助。这就是为什么我们要让情况变得更好——我们要让那棵思维树变得更强壮，更健康。"

我们不希望孩子认为依赖或被负面应对策略束缚是可以接受的，比如逃避或回避问题。我们需要帮助孩子建立一种语言和环境，使他们能够面对并克服困难，即使这需要时间。

7. 这时，你要帮助孩子寻找"解毒剂"或使思维树变得健康的方法。重新构建的关键是找到替代视角，以抵消故事和经历中的痛苦元素。一旦这个"起源故事"变得更清晰，你就可以帮助他们从另一种角度看待问题。

你正在帮助孩子把从事件中获得的"痛苦能量"转化为他们可以用来改善状况的"恢复能量"。本质上，你是在减轻故事的刺痛感——情绪依然存在，但它们是被管理和调控的。当然，思维树的愈合需要时间，你可以牵着他们的手，一步步向前迈进，同时告诉他们："这就是进步的样子，一次一步。这就是我们让思维树变得健康的方法。"接着，你可以帮助他们找到应对的方法，支持他们迈出每一步。

在上面的例子中，你可以向孩子解释，接受他们在阅读中遇到的困难并不意味着他们不好或愚笨，每个人在生活中都有不同的挑战。你可以告诉孩子，你会帮助他们学习阅读。学习的方式有很多种，你会帮助他们找到最适合自己的方式。你甚至可以建议他们怎样谈论自己正在经历的事情，比如："告诉你的朋友，你的大脑受了一点小伤，正在慢慢痊愈，这样你就能阅读了。就像你跌倒受伤一样，需要时间才能好起来。"

8. 可以用一个很好的活动来演示"重新检查"这一步。准备一盒你不介意被打碎的物品，比如蜡笔、玩具或食品。你也可以选择盘子、花瓶或杯子，但这些可能会导致孩子受伤，因此建议使用较软的物品，这样即使打碎也不会伤害到他们。在你的监督下，让孩子将物品扔到指定区域的地板上，这能帮助他们释放积压的能量。然后，帮助他们收集碎片，一起坐下来重新拼装这些物品。你还可以使用含有闪粉的儿童安全胶水或带有图案的彩色胶带来拼接物品。这种做法的灵感来源于日本的"金继"艺术——用含金、银或铂金的胶水修复破损的陶器。<u>其理念是接受缺陷、不完美，看到生活中的混乱并在其中成长。</u>如果使用的是食物，比如饼干或华夫饼，你可以用彩色糖霜或糖浆将它们黏合在一起。

和孩子试一试

当你们完成这个活动后，欣赏这个修复后的物品，并向孩子解释：生活中的经历可能让我们感到支离破碎，但通过神经周期法，我们修复了这些裂痕，让这些经历变得更有意义——新的思维树以一种全新的方式变得更加美丽。是的，它看起来不同了，但实际上它变得更好了。那些充满美感的裂缝，正展示着我们为走到今天所经历的一切。

我建议这个活动进行几次即可，因为它可能既耗时又有些凌乱。如果条件允许，可以将重新修复好的物品放在一个特别的地方，以提醒孩子，他们曾经克服了困难，并把它变得更好。这不仅意味着他们已经成长了，也提醒他们，下一次挑战，他们同样能够应对。

12
第五步：积极行动

"积极行动"是帮助孩子练习新思维方式、培养心理韧性的有效方法。它能够有目的地分散孩子的注意力，改善情绪，理顺混乱的思维，帮助他们保持积极的心态。

"积极行动"包括创建一个简短的自我鼓励语句，并跟随一个简单愉快的动作，每天多次练习，以强化重新构建的思维树。其目的有两个：

1. 防止孩子在一天中反复思考和纠结问题。

2. 将重新构建的思维树深植大脑，直至它变得强大，影响孩子的思维和行为——形成一种习惯。

随着孩子对自己的思维有了更多的洞察，他们的"积极行动"会逐渐改变，可能会连续几天进行相同的"积极行动"，以对自己的思维有更多的了解，并试着去改变它。

"积极行动"是帮助孩子练习新思维方式、培养心理韧性的有效方法。它能够有目的地分散孩子的注意力，改善情绪，理顺混乱的思维，帮助他们保持积极的心态。它还可以帮助孩子避免过度自我专注，从而减少抑郁和焦虑的情绪。

"积极行动"的步骤

1. 使用图 12-1 来鼓励孩子。提醒他们自己，凭借神经周期法的超能力，他们完全可以做到！

2. 你可以带头为孩子设定几项当天的"积极行动"任务，涵盖前四步中的所有要素。可以提供几个选项让他们选择，或者让他们

图 12-1　脑宝宝正在练习"积极行动"

根据需要进行修改。

3."积极行动"还起到了反馈和监控的作用,有助于孩子发展自我调节和正念意识技能。"积极行动"不是一成不变的,而是鼓励孩子审视自己的感受,并在必要时进行调整的一种方法。你希望孩子学会向自己提问:"我尝试了什么——它有效吗?我感觉更好吗?"如果有效,鼓励他们继续坚持;如果没有,鼓励他们继续思考:"我还能做什么?我会继续尝试,直到找到有效的方法。"每天,都要鼓励孩子回顾前一天的"积极行动",看看是继续保持相同的任务还是进行调整。如果他们想改变"积极行动",告诉他们,尽管这次的改变可能还没有找到完全正确的方式,但它已经让他们朝着正确的方向迈出了步伐。

4. 孩子应该花大约 3~5 分钟来制订他们的"积极行动"计划,并花约 1 分钟进行练习。如果他们觉得有必要,尤其是在使用放松活动应对触发因素时,可以花更长的时间。如果需要休息,也完全可以——他们可以根据需要在一天中重复进行"积极行动"步骤。

5. 每当孩子感到自己再次陷入对问题的反思或感觉受到触发时,都应该练习"积极行动"。即使没有这些情况,定期练习"积极行动"仍然是一个好主意。建议每天至少与孩子一起有意识地练习 7 次"积极行动",这有助于巩固重新构建的思维树。你可以在手机或其他设备上设置提醒,确保能与孩子一起完成这个练习。

13
神经周期法的时间安排

最重要的是要记住，改变思维和养成习惯需要 63 天，而不是 21 天。

神经周期法设计为 63 天一个周期，这不是一个即时过程。它允许在可控的时间范围内对有毒事件和情况进行理性、系统的评估，从而帮助建立新的神经网络，实现更有效的心智管理。创建并巩固一个重新定义的思维——一棵新的、健康的思维树——需要时间，

图 13-1 脑宝宝正在数自己完成神经周期法的天数

这将带来真正的改变。

神经周期法是一个帮助孩子将主导的破坏性思维模式逐步转变为新的、稳定的思维过程，并将其嵌入记忆的系统方法。简而言之，它通过重复的 63 天周期，帮助孩子养成新的、可持续的习惯，从而改变他们的生活行为，并增强心理韧性。每个你希望与孩子一起解决的问题，都需要完整的周期来实施和巩固。

神经周期系统的两个主要时间框架

第一步：觉察　　第二步：反思　　第三步：写/玩/画

第四步：重新检查　　第五步：积极行动

图 13-2　神经周期系统

神经周期系统有两个主要时间框架:

1. 既定模式,如创伤和有害习惯。要改变既有模式的神经连接或重新定义不健康的思维树,需要每天都运行神经周期法,为期63天。

2. 在危机时刻或据需要使用。你可以将神经周期法作为一种心智管理技巧,用来平静心智、大脑和身体,并帮助孩子在当下获得清晰的思路。孩子练习得越多,就越容易在63天的周期内养成新习惯并修复创伤。

当涉及既定模式时,避免试图在一天内解决所有问题,这至关重要。最有效的方法是在63天内进行短时间的集中练习,这将带来更有效、更稳定的神经重塑——逐步建立新的思维树。

理想情况下,应该在63天内,每天进行7~15分钟的神经周期法五个步骤。例如,如果孩子要转学、搬家,或经历家庭、朋友关系中的重大变化,适应这些变化大约需要63天。在前21天每天使用神经周期法时,我们会开始看到孩子在思维或行为上的变化。然而,为了确保这些变化是可持续的,你需要帮助孩子继续练习神经周期法42天。

孩子可以将"积极行动"与日常活动结合起来,例如,在梳头发或穿衣服时说出他们的自我鼓励语句。这将帮助他们每天提醒自己思考新的思维模式。记住,为了巩固新思维,孩子应该在一天中进行7次"积极行动"。

在涉及虐待或霸凌等创伤的极端情况下，孩子可能需要多个 63 天的周期。每种情况都有其独特的挑战，创伤越复杂，可能出现的相关有毒问题就越多。因此，你可能需要花更多时间与孩子一起练习"神经周期法"。

其他情况可能更容易处理，比如当前的心理健康问题或小危机。例如，孩子可能因为不想上床睡觉而感到沮丧，可能在与兄弟姐妹争吵后感到难过，或者因为想离开商店而发脾气。在这些情况下，你可以迅速与孩子一起练习神经周期法，在 1~5 分钟内完成五个步骤，帮助他们平复情绪。

保持耐心和灵活性

最重要的是要记住，改变思维和养成习惯需要 63 天，而不是 21 天。虽然"21"常被视为养成习惯和改变行为的神奇数字，但真正的改变需要更长时间，尤其是在行为已根深蒂固时。实际的改变是在我们以稳定、有序的方式重新构建思维及其相关行为时逐步发生的，这也是神经周期法设计为 63 天周期内每天使用的原因。形成新的神经通路需要数周而非数天，这些神经通路正是思维树"生长"的地方。

许多成年人和孩子之所以会重新陷入旧的思维和行为模式，是因为他们不知道解构旧思维并在其基础上重建新思维需要多长时间。

我的研究和其他研究表明，形成一个新习惯并在生活中显现出改变，通常需要 63~66 天。正如前面所述，有时甚至需要多个 63 天的周期才能看到改变，这取决于创伤或有毒习惯的复杂程度。你可以使用图 13-3、图 13-4、图 13-5 来帮助孩子理解这一时间框架。

在与孩子一起练习神经周期法时，关键是要保持灵活。尽管心智管理有一个时间框架，但对于年幼的孩子，灵活性尤为重要。尽量不要太严格，对自己和孩子都要有耐心。整个系统的设计和结构

图 13-3　第 1 天的思维树

图 13-4　第 21 天的思维树　　　　图 13-5　第 63 天的思维树

都是为了帮助减轻压力，而不是增加压力。

每个神经周期法的预计时间是基于神经可塑性和心智管理的科学研究得出的，同时也考虑到了 3~10 岁儿童在实际情况中能够集中注意力处理心理健康问题的时长。7~10 岁的儿童也许能集中注意力长达 15 分钟，而 3~6 岁的儿童则可能更接近 5 分钟。

不过，凡事总有例外！有时进展顺利，你可能会坚持更长时间，甚至达到 45 分钟；也有时候，你可能无法在 15 分钟内完成"觉察"，或者可能会在 5 分钟内完成五个步骤；还有些时候，你可能只做了放松活动，或在某个步骤上卡住了；也许在一天内，甚至几天内，你所能做的只是承认发生了某些事情，给孩子一个拥抱，然后等到第二天再继续，这种情况，在你开始将神经周期法融入生活并逐渐形成习惯时尤其常见。

在与孩子一起练习神经周期法时，尽量避免一次超过45分钟，因为心智管理过程可能会让人感到疲惫——除非你们正在进行前面提到的创意活动。你需要为一些活动留出额外的时间，例如，制作警告信号箱的活动，进行任何你自己设计的互动活动。确保这些活动充满趣味和互动性，这样孩子会更享受整个神经周期法施行的过程。

同样重要的是，不要让孩子沉浸于负面情绪。记住，要尽量以建设性的方式结束过程，这有助于保持大脑的神经可塑性，并促进意识向积极方向发展。在施行整个神经周期法的过程中，可以频繁使用脑宝宝这一超级英雄形象来鼓励孩子。

63天后情况会怎样

随着孩子完成63天的练习过程,他们将学会重新定义与主要有毒思维树相关的情境,这意味着他们不再受限于那棵有毒思维树,就像图片中脑宝宝第63天的样子一样。虽然旧的思维依然存在,但它已经完全改变:变得更小、更弱,失去了原有的力量。

在这个过程结束时,新思维将占据主导地位。在这63天里,孩子投入了大量时间来培养和巩固新的思维树,这意味着旧的思维将不再频繁出现并影响他们的行为。随着时间的推移,通过持续使用神经周期法,孩子将以系统的方式削弱旧思维树的能量,使其失去控制他们的力量。

建立日常习惯

在与孩子一起练习神经周期法时,建立一个日常习惯非常重要。尽量在相同的地点和时间进行活动,这有助于你和孩子养成新习惯,减轻压力,并更好地管理心理健康。

建立日常习惯还有助于增强孩子的自我调节能力和心理韧性。随着孩子练习神经周期法的次数增多,他们的心理管理技能会逐渐变得自动化,这意味着他们能将这些技能应用到日常生活中的其他情境里。随着时间推移,这将减少他们对意志力和动机的依赖,因为这两者在情绪化或应激状态下往往会下降。反复努力控制自己的行为并做出正确选择是非常耗费精力的——成年人对此深有体会！

自动化至关重要。它帮助孩子达到这样一种状态：当他们发现自己所处的情境与之前触发他们负面情绪的情境相似时，他们会做出与之前不同的反应。这种反应看似本能，但实际上并非如此。恰恰相反，它表明新的、健康的思维树在他们的大脑中已经扎根，经过足够的时间稳定下来，改变了大脑的结构，使其更具稳定性，能够以新的方式运作。就像思维树森林经历风暴的洗礼后，新的思维树已经足够强大，能够抵御风暴并为孩子提供庇护。尽管坏事仍然发生，但孩子变得更加自信，因为他们已经学会了如何应对这些挑战。

想象一下教孩子骑自行车的过程。从最初无法保持平衡到使用辅助轮骑行，再到最终不再依赖辅助轮，在这个过程中，孩子并不需要有意识地思考每一步。然而，背后发生了许多变化，在孩子的心智和神经网络中，智能和动态的自我调节正悄然进行着，逐步将这一行为转化为自动化的习惯，就像一棵新的思维树在大脑中生根发芽。

在《思考、学习、成功》（*Think, Learn, Succeed*）一书中，我深入探讨了这一学习过程。当孩子自信地骑着自行车时，他们并没有在刻意思考每一步，相反，他们的心智、大脑和身体正在自动地遵循一种通过长期练习建立起来的思维模式，这正是你与孩子一起练习"神经周期法"时发生的情况，这就是超能力！心智和大脑真的是不可思议的。

14 创伤

15 创伤与神经周期法

16 身份认同问题

17 身份认同问题与神经周期法

18 社交互动

19 社交互动与神经周期法

20 标签

21 标签与神经周期法

22 睡眠问题

23 睡眠问题与神经周期法

第三部分
将神经周期法应用于生活体验

以下是"神经周期法"应用于孩子5种常见挑战的方案。本部分旨在帮助你培养孩子的自主性,进而增强他们的心理韧性,改善心理健康。

14
创伤

尽管创伤会改变我们，带来身心伤害，但我们也有能力改变这些创伤故事在大脑、身体和心智中的呈现方式。

每个人的创伤经历都不同，疗愈的过程也因人而异。没有一种万能的解决方案适用于所有人，真正的疗愈需要时间、努力和直面不适的勇气，尽管这一过程非常艰难。值得庆幸的是，克服创伤没有截止日期，每个人都可以用适合自己的方式来处理。创伤在心智和大脑中的模式与有毒习惯不同。创伤是非自愿的，是被强加给一个人的，常常伴随着情感和身体上的暴露、疲惫与恐惧。

为了帮助大家更好地理解创伤的概念，我想通过一个故事来说明。故事的主人公是一个既聪明又勇敢的8岁男孩，名叫蒂姆。这个故事涵盖了前文讨论的多个主题，能帮助你更好地理解如何运用神经周期法来应对和解决生活中的实际问题。不过，在阅读这个故事之前，我想提醒你，故事中提到了身体虐待、情感虐待和性虐待，可能会让你感到不适——请随时跳到其他章节，或者在你觉得准备好时再回到这一部分。

这个故事将从妈妈、蒂姆和爸爸三个人的视角进行叙述,以帮助你更好地掌握在与孩子共同使用神经周期法时的实际情况。同时,这也能帮助你理解神经周期法沟通的三大关键,从而提高孩子的心理韧性,并改善你们之间的关系。

妈妈视角下的故事

我们的家庭与神经周期法的故事,始于我儿子在早期创伤后面临的睡眠障碍和神经问题。当蒂姆4岁时,我和丈夫正式获得了他的完全监护权。蒂姆在生母的监护下,经历了多重创伤,包括身体虐待、喂养和卫生疏忽、医疗护理缺失以及性虐待。

这些经历使他不得不接受多次矫正手术,并持续多年进行治疗,其中包括针对语言发育迟缓的干预、感官处理与协调发育问题的专业治疗,以及针对行为问题和创伤的心理咨询。

尽管接受了多种治疗,蒂姆仍在睡眠和行为问题上苦苦挣扎。他每晚的连续睡眠时间从未超过4小时,经常因潮热、腿疼和噩梦而烦躁不安,甚至多次出现尿失禁的情况。

由睡眠不规律和不良成长背景引发的行为困扰,让蒂姆难以适应传统学校的生活。几乎每周,学校都会因他注意力不集中、使用破坏性语言、对其他孩子表现出攻击性、拒绝完成作业,以及无法遵守常规命令和规则而通知我们到校沟通。

在家里，蒂姆难以遵循一项以上的指令，常常忘记基本的日常任务。同时，由于情绪问题，他也很难适应与其他孩子共同参与课外活动，如音乐或体育项目。在社交方面，他几乎没有朋友，始终难以找到一个被理解和拥有归属感的环境。鉴于这些情况，我们决定让他在家接受教育，以便他能够获得所需的关注和治疗，从而在身体、社交和心理层面实现健康成长。

为了帮助蒂姆解决问题，我和丈夫四处寻找各种方法。市面上所有能改善孩子睡眠的物理产品，我们都一一尝试。他的房间堆满了厚毯子、发声机、扩香器等设备，虽然这些物品对改善睡眠有所帮助，但效果有限。于是，我们转向医学治疗，先后看了睡眠专家以排除睡眠障碍、胃肠专家以排除肠道问题、脊椎按摩师以排除结构性问题、脑平衡专家以排除内分泌问题、营养师以排除饮食问题，并尝试了多种整体和顺势疗法来治疗他的神经和社交问题。

这些问题始终没有得到解决，给我们的家庭带来了巨大的压力。晚上 6 点后，我们无法安排任何活动，因为必须为儿子进行长时间的放松程序，才能让他入睡。即便如此，他的睡眠仍然不稳定，每晚他的门铃会响 3~6 次，因为他经常醒来，起床找东西或寻求关注。

最终，在筋疲力尽且无计可施的情况下，我们转向了精神科药物治疗。在一年多的时间里，蒂姆服用了多种强效药物，包括安眠药、镇静剂、不宁腿综合征药物以及各种注意力缺陷多动障碍药物，总计超过 10 种不同的日夜药物组合。尽管他有时能在某些夜晚睡 10 小时，但他常常感到极度疲惫，整个人精神不振；有时醒来后也无法重新入睡。

我们在这种无计可施的情况下度过了将近 1 年时间，直到偶然间发现了神经周期法，这似乎是命中注定的转折点。

在接受神经周期法治疗 4 天后，我们注意到儿子发生了变化。他能够在夜间醒来后自我安抚，并在 10 分钟内重新入睡。他的噩梦停止了，白天看起来神采奕奕、充满快乐。这是一个非常明显的变化。我们的儿子，之前无论在任何情况下都不会睡到早上 7 点以后，现在竟能睡个懒觉。我们也终于能够在晚上 6 点后过正常的生活，睡前的紧张氛围得到了缓解，大家都很高兴。

经过 21 天的治疗，我们确信神经周期法能够取代他的药物，这些药物从一开始就没有带来显著效果。在剩余的 42 天里，我们逐步停用了他所有的夜间药物。我们非常高兴地发现，他的睡眠时间保持在平均 10 小时，他几乎能够自行入睡，保持没有噩梦的睡眠状态，且可以根据情况调整上床时间，如果晚上睡得晚，他还能睡懒觉。他日常生活中的变化也很明显。他的态度变得更加积极，那些曾经导致情绪崩溃且需要不断提醒才能完成的任务，现在他能够快速且独立地完成，社交技能也有了显著提高。

神经周期法已成为我们家庭生活的重要组成部分。每当儿子在行为上遇到困难时，我们都会运用神经周期法的五个步骤帮助他重新集中注意力,恢复清晰的态度。蒂姆学会了用语言描述自己的身体及其运作方式,这让他在处理创伤和神经问题时感到非常安心。

现在,我们不再使用消极语言来描述不良行为;相反,我们采用变革性语言,鼓励他识别自己正在经历的警告信号,理解这些信号为何以不恰当的方式表现,并帮助他了解这些信号反映的情感和行为需求。此外,他学到的多种呼吸技巧在面对破坏性行为和情绪时也非常有帮助。

我们发现神经周期法还能帮助我们在与儿子互动时更好地管理自己的情绪和行为,从而创造一个更加和谐的家庭环境。当我们了解了孩子的生理特点,并掌握了改变问题行为的有效方法时,就能更轻松地采取适当的应对和管教措施。

除了帮助我们更好地理解儿子,神经周期法还帮助我们深入洞察自己的情绪反应及其根源。养育孩子的过程往往伴随着情感压力,虽然孩子本身是无辜的,但对于缺乏有效应对方式的父母来说,这仍然可能是一段极为艰难的经历,尤其是对有特殊需要的孩子家庭而言。与蒂姆一同实践神经周期法,让我们能够更加准确地识别并找到我们关系中某些消极想法的来源,从而改善了彼此的互动和理解。

类似"我到底做错了什么,他才会有这样的反应?""为什么他不感激我?"以及"如果接下来几年还是这样的情况,我们该如何坚持下去?"的疑问,逐渐被更贴近实际的真相所取代:我的付出并不总能决定儿子的行为；我们不需要通过获得感激来证明自己的努力；我们与儿子的积极关系，比对"还需要熬多长时间"的担忧更为重要。神经周期法帮助我们在警示信号演变为消极情绪之前及时识别它们，并为我们提供了管理育儿行为所需的心理准备和呼吸技巧。更令人欣慰的是，我们通过神经周期法调整自己的情绪和行为的努力，似乎也激励了蒂姆，他主动开始完成自己的神经周期法。我们一起实践这一方法，不仅有效促进了彼此的成长，还成了一种增进亲子感情的独特体验。

蒂姆视角下的故事

我一直面临一些挑战，包括睡眠问题和情绪管理问题，尤其是愤怒情绪。呼吸练习让我感到非常舒缓和平静，对我的身心都有很大帮助。通过这些练习，我解决了许多困扰。当我开始实践神经周期法后，它不仅显著改善了我的睡眠，还帮助我更好地管理和调整自己的行为。

我非常喜欢"多重视角优势"的所有内容，它成了我日常生活的重要组成部分。我享受每天的练习，有时候甚至想多做一次。当我感到悲伤、愤怒时，神经周期法能够帮助我调整情绪。如果某天错过了练习，我会在第二天更加努力地补上。我尤其喜欢它能有效缓解压力，不管是来自学校还是其他事情的压力。通过练习，这种压力会大大减轻,甚至完全消失。而且整个过程充满趣味性,当我感到无聊时,练习神经周期法也是一个很棒的选择。

爸爸视角下的故事

从很小的时候起,蒂姆就一直在与睡眠问题和行为管理做斗争。一提到睡觉或试图哄他上床时,他总是哭闹不止,需要花费数小时安抚才能平静下来。即使入睡后,他也常常浅眠易醒,并且很难再次入睡。除此之外,他的语言和社交能力发展也非常缓慢。直到4岁,他仍然难以用超过两个词的句子进行交流,这让他的日常沟通和人际互动面临不少挑战。

这些问题的根源直到蒂姆4岁左右才逐渐明朗。从他出生起,我对蒂姆的监护权就非常有限。蒂姆出生后的第1年,是和生母共同生活,在此期间,我被完全拒绝探视。直到蒂姆快满4岁时,我们才震惊地发现,他一直被生母虐待。这个消息让我们夫妻俩心碎不已。我们立即采取行动,为争取蒂姆的完全监护权而努力,并最终成功将他接回了身边。

随之而来的,是多年的艰辛治疗、家庭调整、药物干预,以及无尽的身心疲惫。我和妻子不得不持续不断地与蒂姆过去的创伤做斗争,同时努力为他营造一个尽可能正常的童年生活环境。我们尝试了各种新工具或新方法,起初似乎有所成效,但总是很快失去作用。渐渐地，我对妻子说，我们不能再让治疗主导我们的生活，而是需要回归正常的家庭生活。这种持续的压力不仅削弱了我们夫妻间的亲密关系，还影响了我们与蒂姆之间的互动，更对蒂姆同父异母的妹妹的家庭生活带来了不小的影响。

有一天，我妻子带回了神经周期法的应用程序。起初，我并没有太在意，因为我们之前已经尝试过许多类似的方法，如正念练习、儿童冥想等。但很快，我们发现蒂姆对此的反应截然不同。几天之内，他开始主动谈论自己的睡眠问题，分享如何应对噩梦，以及如何让自己变得更好。他的积极行动显著改善了他白天的状态和心态。在完成第一个 63 天的周期练习后，我们全家终于能够享受整夜安睡，因为蒂姆不再半夜醒来。作为一名一直对药物干预持谨慎态度的父亲，当我和妻子看到他能够摆脱药物的依赖时，我们感到无比欣慰。

神经周期法不仅改善了蒂姆的夜间睡眠，还为我们提供了一套语言和方法，帮助全家建立了一个可以共享的词库，用来描述彼此的共同经历和个人感受。我们学会了如何简单明了地向孩子解释"为什么要进行呼吸练习"，蒂姆也能够理解我们要求他以特定的方式调整思维的原因。家庭成员的行为都因此得到了显著改善。当蒂姆表现出过度紧张或情绪失控时，我们会邀请他一起练习神经周期法，或者他也可以独立使用应用程序中的音频指导来完成这个过程。这种方法的效果显而易见，他的情绪和行为基本上能迅速得到调整和改善。

神经周期法的步骤和语言已经成为我们日常家庭生活中不可或

缺的一部分。它为我们提供了一个互相交流的平台，不仅改善了家庭关系，还帮助蒂姆逐步找回对未来的希望，同时减少了家庭压力和倦怠感。围绕大脑发育和疗愈的术语和视角，对我们亲子关系的建立起到了至关重要的作用。这种方法让我们能够从孩子的即时行为中抽离，不再被一时的情绪和冲突所困，而是着眼于长远发展和更广阔的未来。

这个故事对你有什么用

尽管创伤会改变我们，给身心带来伤害，但我们完全有能力重新书写这些创伤故事，改变它们在大脑、身体和心智中的存在方式。

创伤可能源于多种经历，包括身体残疾、重大疾病、严重伤害、悲痛、性虐待、言语和情感虐待，也可能来自贫困、种族主义、性别歧视等社会问题。在应对幼儿极端创伤时，最重要的是让他们明白，这一切并非他们的错，他们没有做错任何事情。为他们创建一个安全的空间至关重要，让他们能够随时向你倾诉，无论是关于创伤的回忆，还是创伤给他们带来的感受。

同样重要的是，在孩子表达时，我们不要表现出震惊，也不要因为他们的话让我们感到不适而要求他们停止说下去。在倾听的过程中，可以温和地向他们解释为什么某些行为或情绪是不恰当的，并通过示范更健康的情绪应对方式，帮助他们找到更好的感觉。请记住，孩子的经历往往已经被极端情况所扭曲，他们正在努力尝试以自己唯一能够理解的方式去应对。他们正在努力处理生活中的成年人、其他孩子对他们造成的伤害。他们经历的种种创伤事件，可能已经深刻地扭曲了他们的认知视角。虽然他们无法完全理解发生的一切，甚至只能接受这些事情毫无意义的事实，但能在一个安全的空间里分享他们的故事，本身就是康复过程中的重要一步。

这正是神经周期法如此有效的原因。它为孩子提供了一种系统且安全的方式，帮助他们表达和处理自己的经历。通过内省，他们得以打开通往"智慧心灵"的大门，这一过程能够将那些不健康的"思维树"逐渐转化为新的、健康的"绿色思维树"。我们在蒂姆的故事中清晰地看到了这一转变的力量。

正如我在第一部分中所解释的，思维及其所蕴含的记忆构成了一个遍布全身的互动网络。要有意识地进入非意识中的思维树，并将其解构到根本层面，需要经历不适、持续的努力和大量的时间。蒂姆在与我分享他使用神经周期法的经历时，用了一个生动的比喻："前三个步骤就像蜜蜂从花朵中采集花粉，然后将花粉传播开；而后两个步骤，就像又长出了许多新的花朵一样。"

关于孩子早期创伤经历的科学研究已经非常深入。我们现在明白，如果没有积极的干预和心智管理，经历周期性或持续性有毒压力的孩子，其大脑、身体和心智的结构与功能将受到严重影响，这种影响最终会反映在他们的身体健康和生活方式上。

创伤会重塑神经网络、思维模式和感官通路，使得一个人的心智、大脑和身体即便在并不危险的情况下，也会继续以应对危险的方式反应。这种反应被称为"创伤反应"，是一种对创伤的应对机制，但从长远来看，通常并不是对孩子最有利的选择。

这正是心智管理和神经周期法发挥作用的关键所在。我们最常思考的事物会不断扩展，这种扩展最终会体现在我们对自己和他人的行为方式上。不幸的是，如果非意识中的创伤长时间得不到处理，它们也会不断积累，形成庞大而混乱的思维树，进而影响我们的行为模式。

创伤通过扭曲记忆来掩盖非意识中的信息，而非意识通过警告信号提醒我们意识中发生的变化。在这种状态下，我们的思考和判断能力受到削弱，容易对信息、他人和不同情境做出负面反应。

在蒂姆的故事中，我们看到了这一点。没有人能预见一个受到创伤的孩子会如何表达未处理的有毒压力。然而，如果不加以干预，这种压力可能会失控，进而导致行为问题、社交障碍、睡眠问题、学习困难等。这就是我们必须帮助孩子从小学习如何管理他们心智的原因。

创伤、心智与大脑

心智和大脑是为了生存而运作的。这意味着，当我们面临困境时，心智和大脑会通过适应和调整来帮助我们。通过积极的心智管理，我们可以改变混乱的神经网络，重新塑造自己的思维和行为。

图 14-1 和图 14-2 可以帮助我们理解神经网络（即思维）如何变得混乱，以及孩子经历创伤时大脑发生的变化。图 14-1 展示了一棵健康的思维树，象征着清晰、积极的思维模式。图 14-2 展示了一棵

图 14-1　健康的思维树

图 14-2　有毒的思维树

有毒的思维树，代表了创伤所带来的混乱和扭曲的思维结构。

有毒的经历可能导致思维的混乱，这种混乱会转化为大脑中的不稳定能量，进而影响大脑不同区域的正常运作。就像思维树中的部分枝干，或者大脑中的轴突和树突，如果无法正常相互沟通，便会导致信息传递障碍。图14-2那棵有毒的思维树被涂黑的部分，正是这种失调的象征。

接下来，我将借助图14-3向你解释创伤对大脑不同区域的影响。虽然创伤通过多种复杂的过程影响整个大脑，但为了简化说明，我将重点介绍几个关键区域。在这些区域，我们能够清晰地看到创伤对心智和大脑的深远影响，以便帮助你更全面地理解这些变化。

让我们关注图14-3中加粗的三个大脑区域：前额叶皮层、海马体和杏仁核。前额叶皮层位于大脑的前部，正好位于眼睛上方，它在我们进行自我调节、思考、感知和决策时发挥着重要作用。海马体位于眼睛后方的大脑中部，负责处理记忆，特别是将短期记忆转化为长期记忆。杏仁核位于大脑内部，靠近鼻子和眼睛的交会处，起着情绪处理的关键作用，它像一个信息库，将情绪和感知信号传递到前额叶皮层，帮助我们判断危险、做出适当反应，并提高沟通与共情能力。

当一个人有未处理的创伤时，前额叶皮层会变得迟缓，导致信息的扭曲与变形，从而影响决策和问题解决能力。这是因为杏仁核不再以稳定、有序的方式向前额叶皮层发送信息，而是以快速、不

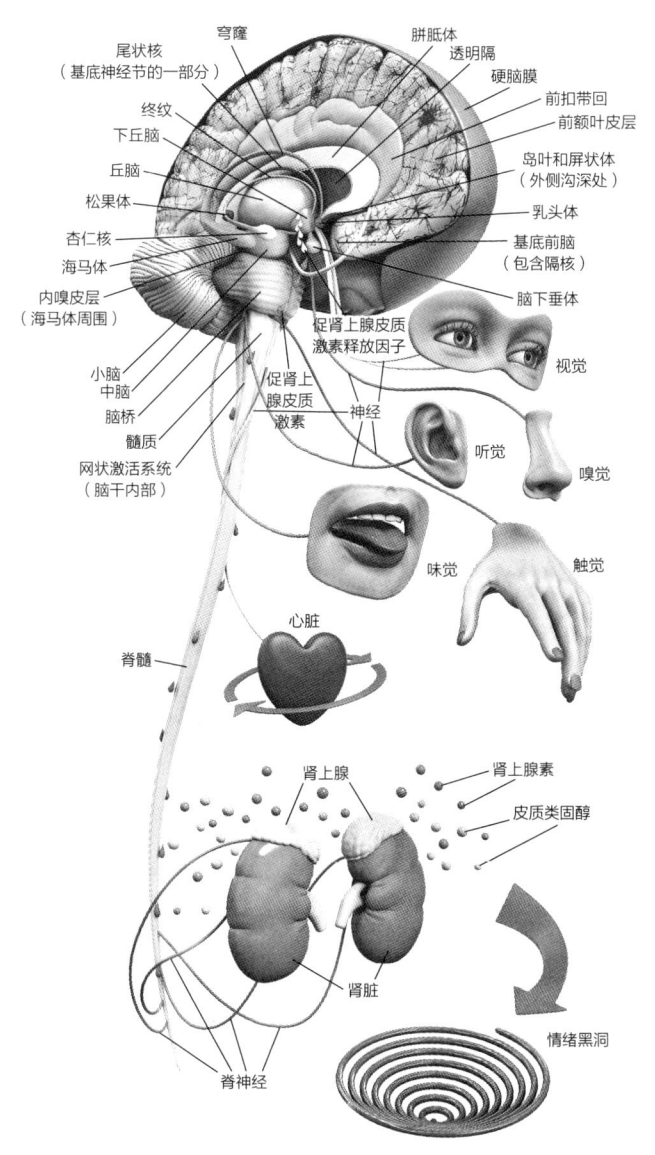

第三部分　将神经周期法应用于生活体验

图 14-3　神经网络

规律的方式传递信号。如果处于未处理创伤状态的大脑继续响应支配大脑功能的心智时，心智处于混乱或受创状态，大脑就会像处于持续的危险之中一样做出反应。

未经处理的创伤会破坏大脑中不同能量波的平衡，而这些能量波是由我们的思维所产生的。如果我们的思维因创伤未得到有效管理，而充满恐惧、混乱和不知所措，它们将影响大脑能量波的流动，从而干扰神经化学和电磁活动。这种能量流动的失衡会破坏大脑的稳态，导致左右脑功能失调。

一旦这种失衡发生，情况会变得更加复杂。前额叶皮层无法及时响应杏仁核，因为杏仁核向前额叶皮层发送信息的速度是前额叶皮层向杏仁核发送响应的 5 倍。这种失调会导致海马体和前额叶皮层逐渐萎缩，从而影响记忆和执行功能。随着时间的推移，这种影响还会让身体的其他部分进入高度警戒状态，特别是肾上腺、垂体、下丘脑以及下丘脑 - 垂体 - 肾上腺轴。为了应对这种状态，它们会大量分泌肾上腺素、去甲肾上腺素、皮质醇和葡萄糖，进一步加剧身体的压力反应。

我们的临床试验揭示了一个关键现象：即使受试者闭上眼睛，未处理的创伤和有毒思维依然会显现出来——他们的大脑仍处于高度焦虑的活跃状态。通常情况下，当一个人闭上眼睛时，脑电活动会显示出一种反思性和直觉性，类似海浪的滚动。但对于那些有未处理创伤的受试者来说，他们的脑波显示出锯齿形的波动。闭上眼睛后，这些人的大脑并没有进入应有的平静状态，而是持续处于高度活跃的状态。长期处于这种状态，会对大脑造成损害，就像磨损轮胎一样削弱健康的神经网络，使个体感到不堪重负，对外界刺激高度敏感，并容易触发负面情绪。这种现象在孩子的大脑中尤为显著，因为他们的思维和神经回路仍在发展和成熟中。

在这种情况下，孩子可能会开始听到或看到不存在的东西，或者无法察觉明明存在的事物。这种心理状态常常导致过度警觉、过度唤醒，出现失眠、噩梦、夜间盗汗、闪回等症状。情绪波动剧烈时，可能伴随着惊恐发作、人格变化、易怒或攻击性增强、焦虑加剧、情感疏离，甚至渴望自我隔离，因为他们觉得自己不再适应熟悉的世界。你可能还会注意到，自己或其他家庭成员也在无意中成为孩子负面情绪的"触发点"。而父母理解这种现象往往很困难，这可能导致内疚和羞耻感，进而加剧整个情况的复杂性。

如果我们不通过心智管理来处理这些创伤，心智、大脑和身体将逐渐耗竭。这种长期的压力和未处理的创伤可能最终导致高血压、心血管疾病、消化系统问题、自身免疫疾病、2型糖尿病、慢性疲劳综合征等身体健康问题。

创伤还会改变孩子对自己身份的感知。如前所述，创伤储存在非意识的心智、大脑和身体中，并通过警告信号在意识中表现出来。这些警告信号反映了孩子在创伤发生时内化的应对模式，这些模式会随着时间的推移不断强化，并让孩子感到害怕。而孩子可能只会看到威胁，难以想象没有痛苦的情境。因此，我们需要帮助孩子关注 4 种警告信号：情绪、行为、身体感觉和观点，帮助他们理解和管理这些信号，减少创伤带来的负面影响。

我们在临床试验中还发现，一旦受试者开始使用神经周期法，他们在闭上眼睛时，脑电活动就会从异常活跃的状态转变为更具反思性和直觉性的状态。因此，尽管这一过程可能让人感到不知所措，但你完全可以通过神经周期法帮助孩子调节大脑活动，平静心智与大脑，从而促使他们的心智和大脑结构恢复到更加健康的状态。

你可以用图 14-4 向孩子解释这一切："看看脑宝宝，他正在快速大声地读很多可怕的故事，这让他感到害怕和颤抖，身体也变得很不舒服！有时候你可能会感觉自己像脑宝宝一样，这很正常。我们可以一起改变这些故事，让你不再感到困惑和害怕，就像脑宝宝要改变他的故事，帮助他的思维树变得更好一样。我们可以用你的神经周期法'超能力'来做到这一点！"

图 14-4　脑宝宝正在阅读许多可怕的故事

15
创伤与神经周期法

无论如何，不要绝望。从我们的经验来看，对创伤有所反应完全合理，并非大脑生病了。这些反应表明，我们的心智、大脑和身体正在努力帮我们去适应和应对。

接下来，你将学习如何将神经周期法应用于创伤处理。你可以参考前文的 4 种警告信号，并结合第二部分的内容，帮助你和孩子一起完成"5 个步骤"。同时，我建议在使用神经周期法的过程中，记录你的观察和孩子的见解。记录可以采用以下形式：

觉察——家长

觉察——孩子

反思——家长

反思——孩子

依此类推。你们可以选择在同一本日记本中记录，也可以分开记录，关键是找到适合你和孩子的方式。

如果你发现这些信号在孩子的生活中持续存在，并且对他们的学校、关系、家庭生活和整体健康产生负面影响，寻求专业的儿童创伤治疗师或心理健康专家的帮助是明智之举。你和孩子可以在每天使用神经周期法的同时，配合专业治疗，以便更好地支持孩子的恢复与成长。

无论如何，不要绝望。大多数经历过重大创伤或危及生命事件的孩子，会出现短期的持续反应，这些反应可能持续几天、几周，甚至几个月，包括困扰孩子的梦境或噩梦，以及在提起事件时的恐惧感。考虑到他们所经历的创伤，他们对此有所反应完全合理，并非他们大脑生病了。这反映了孩子的心智、大脑和身体正在努力帮他们去适应和应对这些情况。

在处理创伤时，特别重要的是，在使用神经周期法之前、之后，以及在任何需要的时候，都要进行适当的大脑准备。

1. 觉察

以下是 3~10 岁（及更大年龄）儿童可能与创伤相关的一些警告信号。

一些需要注意的情绪警告信号：

- 持续性焦虑（例如，当孩子需要准备上学或外出时，他们可

能会发抖）

- 抑郁（例如，孩子表现出持续的悲伤情绪、无精打采，不愿意做任何事情）
- 恐慌（例如，孩子可能会僵住，视线快速左右移动，或在需要做某事或外出时开始哭泣并试图逃跑）
- 恐惧（例如，孩子可能在夜间感到害怕，需要开灯才能入睡，或不愿独自待着）

当然，这些警告信号有时可能出现，但它们并不总是由创伤引起的。然而，如果这些警告信号持续存在并且影响到孩子的日常生活，那它们可能与严重的创伤事件相关。下面讨论的所有警告信号示例也是如此。

一些需要注意的行为警告信号：

- 过度反应（例如，孩子对情况的反应显得过于激烈，与实际情境不相称）
- 过度警惕（例如，孩子总是处于高度警觉状态，担心可能发生的事情，或者表现得非常"紧张"）
- 警觉不足（例如，孩子情感麻木，感觉身体与情感几乎是分离的，从外向变得社交退缩或表现出抑郁情绪）
- 过度活跃（例如，孩子保持忙碌状态，无法静止）
- 重大行为变化（例如，孩子从成绩优异转为不及格，或开始

自残，这与控制感和"至少我能控制痛苦"相关）

- 高度唤醒（例如，孩子非常紧张，容易愤怒或激动，对噪声敏感，或表现出不适当的性行为）
- 睡眠问题（例如，失眠、做噩梦或夜惊）
- 攻击性增强（例如，孩子打人、踢东西、大喊大叫、推搡其他孩子，或说出不该在他们这个年龄段说出的刻薄话）
- 持续闪回
- 控制问题
- 惊恐发作
- 情感压抑模式（例如，意识到自己的情感后却将其压抑）
- 强迫症
- 考虑和尝试自杀
- 学习问题
- 反复谈论事件或"重演"事件
- 发脾气或暴躁易怒
- 过度依赖照顾者和分离困难
- 退行行为（例如，表现出说婴儿语、尿床或吮吸手指等早期行为）

一些需要注意的身体感觉警告信号：

- 夜间盗汗（例如，孩子出汗过多，睡衣被浸湿）

- 胃肠问题（例如，孩子可能经常抱怨胃痛、腹泻、腹胀或食欲不振）
- 不明原因的疼痛（例如，孩子可能经常生病或抱怨心脏像小鸟一样扑腾）

一些需要注意的观点警告信号：

- 表现得"平淡"，对未来不抱希望，或者看起来很沮丧，失去了希望
- 相信关于自己的谎言，这些谎言影响了他们的思维、言语和行为（例如，孩子对玩偶大喊："你是个坏娃娃！你总犯错。"）
- 恐惧感，仿佛在等待最坏的情况发生
- 极端的界限设置，通过这种方式试图感受到对生活的控制
- 害怕被抛弃（例如，当父母必须离开他们时，他们会哭泣，尤其是在托儿所或外出办事时）
- 不再喜欢冒险（例如，孩子在自由玩耍或与新朋友互动时变得非常警惕，常常不愿参与其中）

对于 3~5 岁的孩子

要与 3~5 岁的孩子一起开始"觉察"步骤，可以向他们展示前文"自我调节的力量"中脑宝宝在森林中行走的图片，或使用任何

玩具。通过角色扮演,你可以演示脑宝宝走到一棵杂乱的思维树前,然后说:"当脑宝宝看到这棵树时,他发现自己的大脑受伤了。脑宝宝感到害怕(情绪预警信号),这让他浑身发抖(身体感觉警告信号),并想要躲起来(行为警告信号),所以他不想再和任何人玩了(观点警告信号)。你认为脑宝宝有什么感觉?你想给我展示一下吗?"然后将玩具或图片交给孩子,让他们进行角色扮演。如果孩子第一次不愿意参与也没关系,你可以先展示自己的感受,最终他们会慢慢加入。

图 15-1 对思维树的整体认识

第三部分 将神经周期法应用于生活体验

对于 6~10 岁的孩子

要与 6~10 岁的孩子一起开始"觉察"步骤，可以向他们展示前文中脑宝宝在森林里散步的图片，并说："还记得我们之前和脑宝宝在森林里散步的情景吗？那儿有一棵又大又凌乱的树，我们需要关注那棵树，因为它需要帮助，只有你能修复它，因为这是在你的思维森林里，我可以帮助你。让我们走到那棵树前，观察它的树枝——警告信号——看看我们能做些什么。"然后，你可以继续说："这棵树代表了你爸爸生病和去世的那段时间，当时你因为爸爸的事

图 15-2 脑宝宝在享受他健康思维树的成长

情感到非常伤心和困惑，你脑海中关于这段记忆的悲伤思维树长得很强壮。那时我也很伤心，常常哭泣。那段时间真的很糟糕，但我相信爸爸一定希望你能重新找回快乐，并记住和他在一起的美好时光，所以，让我们一起看看如何修复这棵悲伤思维树的树根，并在你的思维森林里种下更多快乐的记忆，让它们比伤心的记忆更强大。你偶尔可能会想起那些令人伤心的事情，会哭泣，甚至感到愤怒，因为爸爸没法看到你做的所有美好事情，这都是正常的，但为了帮助你管理每天的生活，使你变得更强大，我们需要更多像脑宝宝图片中显示的健康记忆。"

2. 反思

"反思"这个步骤能帮助孩子在经历极端创伤后去识别他们可能对自己和生活产生的扭曲看法。在这一过程中，你需要引导孩子更深入地关注第一步中的警告信号。你的目的是帮助孩子辨认出这些警告信号所指向的思维树，并帮助他们理解这些信号背后的意义。

在进行这一步骤时，请记住，虽然孩子能够进行自我反思，但他们的元认知和语言能力还不足以让他们清晰地表达自己的想法。因此，在与孩子一起进行神经周期法时，尽量准备好玩具、纸张、彩笔或绘画材料，帮助他们表达自己的感受。你还可以使用包装袋和盒子，甚至在厨房、家里的其他房间或花园里进行这一步——灵活运用创意，适应孩子的需求。

对于 3~5 岁的孩子

给 3~5 岁的孩子提供玩具娃娃，让他们通过玩具娃娃回答问题，或者让他们把答案画出来。你也可以为他们画画，或者和他们一起画，同时引导他们回答问题。通过将感受转移到玩偶、玩具或绘画上，孩子能够与自己的警告信号保持一定的距离，这是一种有效的方式，能够帮助他们更轻松地表达内心的情感。例如：

"我看到你的娃娃很伤心，它为什么难过呢？你能告诉我吗？"

"你的娃娃今天肚子不舒服，腿也麻麻的。你知道是什么原

图 15-3 脑宝宝肚子疼　　图 15-4 脑宝宝感觉很不安，话很多

因吗?"

"我看到你的娃娃看起来很紧张,说了很多话,我想知道为什么。你能帮我弄明白吗?"

对于 6~10 岁的孩子

你可以通过帮助 6~10 岁的孩子,将他们的警告信号转化为完整的句子来完成这一步。在这个年龄段,孩子可能还没有足够的词语来准确描述自己的感受,因此,你可以为他们构建各种句子,帮助他们表达内心的情绪。

在进行这一步时,请务必向孩子保证,他们是出色和特别的。提醒他们,即使他们脑海里有一棵丑陋的思维树,这并不意味着他们是"坏"的。每个人都有这样的思维树,我们都需要努力去改善它们。同时,要提醒孩子,这棵思维树是由他们的某些经历转化而成,而你在这里是为了帮助他们找出思维树不健康的原因。你还可以向他们展示前文"什么是思维"中一系列思维树和脑宝宝的图片,以帮助他们理解这些概念。例如:

"我注意到你最近经常感到悲伤,是不是有人伤害了你,或者说了什么让你难过的话?你没有做错任何事情。你愿意告诉我树上有什么吗?"

"我可以给你一些词语选项,看看哪个最能表达你的感受。或者我们也可以用图片来展示。"

"让我们一起找找你身体上不舒服的地方,看看你说了什么、做了什么,看看这些感觉是如何与发生的事情相关联的。"

3. 写/玩/画

在与孩子一起完成"觉察"和"反思"步骤时,请务必记录你的观察结果,如上所述。这些记录在以下情况中非常有用:

你需要寻求治疗师的帮助

你需要向家人或朋友解释一些情况

你需要采取任何潜在的法律措施

对于 3~5 岁的孩子

3~5 岁的孩子可以通过玩具、角色扮演、绘画、艺术或剪贴画来表达他们的感受。你可以使用第二部分中提到的盒子来进行这些活动。如果需要,你可以与孩子一起进行书写或绘画,帮助他们表达情感。相比年长的孩子,你可能需要更多的词语和问题来引导这个年龄段的孩子。

对于 6~10 岁的孩子

鼓励 6~10 岁的孩子自由表达自己的感受。他们可以通过绘画、剪贴画,或者在日记中写下文字来表达,甚至玩玩具或进行角色扮演。帮助他们理解，康复是一个渐进的过程。记录下发生的每一件事，这样你们可以回顾孩子的成就，看到他们的进步。这是一项挑战，但绝对值得！

4. 重新检查

在处理创伤时，关键是不能仅停留在"写/玩/画"这一步，而是要帮助孩子找到修复破损枝条的方法。这是一个教"我们如何修复"的步骤，正如第二部分中所讲的那样。始终使用"重新检查"的问题来引导："事情已经发生了，现在，我们能做些什么来应对呢？"提醒孩子，经历不会消失，但你将帮助他们学会如何管理这个经历。

当我与蒂姆谈到这一点时，他解释了"重新检查"对他的意义："我不接受没有解决方案的问题。"你可以用这个描述帮助孩子理解他们在这一步需要做什么，强调在面对挑战时，重要的是寻找方法来应对，而不是停留在问题本身。

对于 3~5 岁的孩子

如果 3~5 岁的孩子在"写/玩/画"这一步画了一幅关于某个情况的图画，你可以鼓励他们重新画一幅图，展示他们更希望看到的情况，即"重新定义"。你甚至可以提示他们，帮助他们画出新图，或者提供一些新的词语来解释旧图。你也可以再次使用第二部分中的图片盒子，作为引导工具。在他们画画时，你可以通过旁白的方式帮助他们解释他们在做什么，并鼓励他们通过点头表示"是"，或者摇头表示"不是"来引导你说的内容。通过这种方式，他们可以用词语表达自己想要的改变。如果孩子在"反思"步骤中做了角色扮演，你也可以运用这种方法，引导他们去展示自己希望的结果，并帮助他们在想象中重塑自己对情况的理解。

这里有一些"重新检查"的额外提示，可以帮助孩子重新定义创伤事件：

"可怕的故事已经过去了。让我们一起画一幅新画，编一个新故事，看看未来会是什么样的。"

"你正在改变你的大脑，因为你有超能力！这意味着你会感觉越来越好，就像超级英雄脑宝宝一样！"

"让我们列出或画出所有已经变得更好的事情，看看我们已经取得了哪些进步。"

对于6~10岁的孩子

对于大一点的孩子，这一步可以通过词语、句子或图片完成，也可以三者结合来完成。年纪较大的孩子可能希望自己做出提示或提出想法。

这里有一些"重新检查"的额外提示，可以帮助孩子重新定义创伤事件：

"你不必再害怕了，因为这不再是一个秘密。我会在这里帮助你。"

"偶尔感到难过很正常，因为让你难过的事情不会消失——你仍然会记得它。重要的是要有一个应对的计划，这样你就不会总是被它困住。每当你想起这些悲伤的记忆时，可以试着回想一些快乐的记忆，来让你心情变得更好。"（你可以展示并讨论第一步中脑宝宝享受其健康思维树成长的图片）

"看看这张图片（展示一张破碎的图片），它展示的一切都破碎了。现在，让我们重新画这张图片，把破碎的部分修补好，我们甚至可以画一张全新的美丽图片！"（这是运用第二部分中提到的"金缮艺术"的好时机，即在这一步中，你可以使用金粉、闪光粉或其他美丽的颜料、胶水，把破碎的东西重新拼合起来）

"让我们一起找到不同的解决方案，这样你就不会再感觉到这种伤痛。"

回答孩子与他们经历相关的问题。这些问题可能会让你感到震惊，但这表明他们正在关注自己内心深处的感受，这是件好事。答案保持简短，诚实回答，要尽量使用他们能理解的语言。当孩子提出某个问题时，首先要确认问题的具体含义，以便你能够准确了解他们的担忧。通常，孩子提问是因为他们对某些具体事情感到不安。给出一个让孩子安心的答案。如果你不确定答案，可以说："我不确定，但我们可以一起找出答案。"避免在孩子面前猜测或重复不确定的信息。

图 15-5 是蒂姆关于"恐惧"的神经周期法"重新检查"表。填写完表格后，蒂姆会从中挑选出当天最喜欢的一句话作为他的"积极行动"，并将其写在表格下方。他将这个神经周期法视为"积极行动"的生成器。为了帮助自己坚持，他还佩戴了一块手表，每天通过 7 次闹钟提醒自己进行"积极行动"的练习。如果你愿意，也可以与孩子一起进行类似的活动。

我不喜欢害怕的感觉。以下是一些我不希望发生并且想要改变的事：

- _____
- _____
- _____
- _____
- _____

在这里画一幅画，将你的恐惧转化为快乐的结局——任何你想要的！

我可以改变我的恐惧，因为这种感受只是我的观点。

我不需要害怕，因为我拥有：

我可以用这个事实（真相）来对抗我的恐惧：

图 15-5　蒂姆关于"恐惧"的神经周期法"重新检查"表

5. 积极行动

对于经历严重创伤的孩子来说，每天与孩子一起练习简单的"积极行动"至关重要。在"重新检查"中，挑选出让孩子印象深刻的内容，将其转化为一个可视化的简单陈述。正如第二部分所述，设定一个提醒，确保孩子每天至少练习 7 次"积极行动"。让孩子明白，当他们进行这些练习时，他们的思维树将变得更强大，更健康。

对于 3~5 岁的孩子

关于孩子"积极行动"的一些建议：

- 每天多抱抱、亲亲孩子或给孩子拍拍背，这样能让孩子感到安全和舒适，尤其是在他们经历了让人害怕或不安的事情之后。
- 对孩子说："每次你感到难过或身体不舒服时，想一想你画的那幅漂亮的新画。"
- 让孩子选择一件衣物，比如一顶帽子，让他们戴上它或给他们的玩具戴上，以提醒他们，自己是安全的。你也可以拿出他们喜欢的图片，让他们看看，从而提醒他们，自己处于安全的环境中。
- 孩子在难过时，建议他们抱抱自己，照镜子时给自己一个击掌，或者对着镜子微笑。
- 鼓励孩子在漂亮的纸上写下"我……"（例如：我自信，我快乐，我善良，我勇敢，我有耐心，我被爱着，我是好孩子，我为自己感到骄傲，我是安全的，我很棒）的积极陈述，并用心形、星形或者他们喜欢的贴纸装饰。
- 给孩子安排一些有趣的活动，比如，搭积木，和你一起烘焙和装饰饼干，这些活动能有效分散他们的注意力，帮助他们转变情绪。

对于 6~10 岁的孩子

对于这个年龄段的孩子,事实和知识常常能带来安慰,因为它们具有强大的赋能作用,能够有效缓解焦虑。以下是一些"积极行动"的建议,帮助孩子实践重新构建思维树:

- 使用简单的图像,用形象的比喻帮助孩子理解。比如,"这就像你生活中的一场飓风,但飓风已经过去了,现在我们正在清理残骸。"你可以根据孩子的情况使用其他合适的图像来传达安慰和希望。

- 制订基于创伤知识的"积极行动"。例如,"那个人对你说了很多可怕的话,虽然那些话不是真的,但它们确实让你感到伤心。你现在在学习如何把这些话从大脑中过滤掉,让你的思维树变得健康。"

- 帮助他们制订充满希望的"积极行动"来应对未来。这个年龄段的孩子需要看到未来的希望,心态才能恢复健康,他们重视具体的细节。例如,在发生战争或自然灾害时,你可以说:"来自全国和世界各地的人们正向灾区提供各种各样的帮助,比如,送去食物和医生,并帮助灾民建造新的家园。虽然情况很糟糕,但它不会永远持续下去!"

帮助孩子克服创伤的其他建议

以下是一些额外的建议，可能会在你和孩子一起通过神经周期法克服过去的创伤时有所帮助。这些也可以作为很好的"积极行动"的提示。

- 尽量避免说"时间会治愈一切伤口"之类的话，因为这可能会让孩子觉得你对他们当下的情绪不屑一顾。虽然这种说法在某些情况下是对的，但在孩子表达情绪时，这种话语可能让他们以为自己的感受不是真实的，是不切实际的，不仅起不到安慰作用，反而可能适得其反。例如，如果你的家庭经历了丧亲之痛，你和你的孩子正处于悲痛之中，这种强烈的痛苦时刻并非"没事"——关键是要向孩子传达，他们当下的负面感受是正常的。更好的说法是："现在一切都感觉很糟糕，但我们会一起面对这些感受。我能看到你的痛苦，我会在你感到难过时支持你，握着你的手。"这样做，你就为孩子创造了一个安全的空间，让他们知道自己可以自由地表达情绪，并且会得到支持和理解。
- 避免说"我完全理解你的感受"，因为我们无法完全理解他人的感受。即使自己曾经历过类似的创伤，我们对自己创伤的看法和理解也会与孩子的不同。

- 孩子有快乐和悲伤的故事是正常的。作为父母，我们常常希望保护孩子免受不幸，但这并不现实。我们的职责之一是帮助孩子管理悲伤故事，而不是试图阻止他们思考或消除这些悲伤故事。
- 在创伤发生后的第一时间，我们需要做的是给予孩子支持，提供减压技巧，并满足他们的基本需求，如对身体和情感上的安慰。如果立刻让孩子表达所有感受并谈论事件，可能适得其反。此时，孩子的神经生理状态正处于震惊中，心智、大脑和身体都不在理性状态。如果试图一次性解决所有问题，情况可能会变得更糟，因为孩子的高度紧张状态会影响他们对事件的处理方式，进而巩固不健康的创伤思维模式。

16
身份认同问题

当孩子失去自我感时，他们可能会产生苦涩、愤怒、焦虑、担忧、自怜、羡慕、骄傲、嫉妒、愤世嫉俗、绝望和抑郁等情绪反应。这些情绪反应不一定是顽皮或难以管教的表现，更可能是他们正在经历一场深刻的身份危机。

生活中的创伤和挑战往往会在我们的身份周围筑起一道厚重的屏障，阻碍我们深入了解内心的本我，随着时间的推移，也会妨碍我们塑造和发展自己的身份。试图探索"我是谁"有时可能让人觉得是一项无休止的，甚至是毫无意义的任务。然而，尽管这条路充满艰辛，需要大量的时间和支持，但它完全可以走通。我们需要从小就开始教导孩子，这项探索自我的过程是值得付出努力的。

一个关于身份的故事

我想和大家分享一个我多年前听到的故事。一个小男孩每天坐在墙边，目不转睛地看着一个人日复一日地、缓慢而坚定地凿刻着一大块大理石。小男孩被深深吸引，最终鼓起勇气问那个人，为什么要这样做——这看起来像是一项毫无进展的任务。那人微笑着回答："我在凿刻这块大理石，因为里面有一个天使在等待出来。"这位凿刻大理石的人是天才艺术家米开朗基罗，而那个"天使"便是他著名的雕像作品——大卫。（这个故事通常归于米开朗基罗，尽管对此尚无确凿证据）

教导孩子发现并塑造他们的身份，就像这个故事一样，是一个漫长和艰难的过程。然而，当我们为他们提供发现自我"大卫"的工具时，我们不仅帮助他们雕刻出独特的身份，也帮助他们将自己的故事转化为一件艺术品，成为他们独特而美丽的作品。

每个人都有独特的思维方式、情感体验和选择习惯，这些特质共同塑造了我们的思想和经历，赋予我们独特的价值感和自我认同，我将其称为"定制思维"或"自我因素"。这就是我们的心智在行动中的表现（在第一部分中讨论过）——通过大脑的独特运作方式，形成了我们独特的身份。

尽管我们每个人的大脑结构和神经生理基础相同，但由于我们对生活的独特思维、感受和选择，大脑的不同区域会以各自独特的方式被激活和塑造。这种差异导致了神经元树突的多样性生长，而记忆则储存在这些树突中（参见第一部分中的图片）。可以说，我们的大脑组织，从宏观到微观，甚至到粒子和亚原子层面，都是按照一种特定方式排列的，以支持我们独特的能力——以个性化方式消化和处理经验信息。

每个人的思维方式都是独特而强大的，尽管与他人的思维、感受和选择有所不同，却又互为补充。当我们思考时，我们创造了独特的现实，而当我们在这些独一无二的现实中行动时，整个世界都会受益，因为我们为他人提供了他们无法提供的视角和贡献。

天性、养育、自我因素

我们独特的思维方式和身份认同框架，源于基因（天性）这一基础，受成长环境（养育）的影响，并由我们的自我因素激活。这三者的交织与相互作用，共同塑造了我们独特的世界观、信仰体系、沟通方式和行为模式。

我们的"自我因素"至关重要，它拥有我所称之的"否决权"，它能够超越我们的养育环境，深刻影响并发展我们的天性，从而为我们开启无限的可能性。通过心智，我们可以学会识别"自我因素"何时"离线"，并在经历创伤或挑战后将其重新激活。我们可以学会恢复自我，并继续发展我们的身份。

这是一项我们需要从小就教给孩子的技能，因为我们无法保护他们免受生活中所有挑战。当孩子按照自己的方式思考、感受和选择时，即使面临挣扎，他们也能在过程中形成并塑造自己独特的身份。这不仅帮助他们激发灵感、创造力、兴奋、平静、善良和快乐，还能提升他们的自我调节能力，培养同情心，使他们保持冷静，并拥有明确的目标感和方向感。

然而，如果养育环境缺乏适当的约束和管理，可能会影响孩子的表现和成长。周围的信仰体系、宗教观念，他人的期望，社交媒体，文化规范，以及有毒的关系和影响，都会对孩子的独特思维产生深远影响，从而影响他们的自我价值感和身份认同。

失去自我感

当孩子失去自我感时，他们可能会产生苦涩、愤怒、焦虑、担忧、自怜、羡慕、骄傲、嫉妒、愤世嫉俗、绝望和抑郁等情绪反应。这些情绪反应不一定是顽皮或难以管教的表现，更可能是他们正在经历一场深刻的身份危机。这些情绪是警告信号，提醒孩子有些事情出了问题，正在扰乱他们的内心世界。

我们可以在蒂姆生活的各个方面看到这一点。每周，蒂姆的父母都会因为他的行为问题被叫到学校：他注意力不集中、使用具有破坏性的语言、攻击同学、违抗命令、拒绝完成作业，以及无法遵守常规规则。在家里，蒂姆同样难以听从指挥、记住日常任务，并且在情绪上也很难适应与其他孩子一起参加课外活动。社交上，他缺乏朋友，也很难找到一个让他感到被理解和有归属感的地方。这些问题最终促使他的父母做出决定——让他在家接受教育。

身份危机本质上是一种存在危机,我们必须在孩子身上识别出这种危机,给予他们认可,并帮助他们管理,因为身份危机触及他们存在的核心,影响他们的思维方式、行为方式、自尊心,以及他们未来成为什么样的人,最终也会影响他们如何爱自己。

如果不加以管理,身份危机可能会引发羞耻感,而这种羞耻感很容易渗透到孩子生活的各个方面,导致他们严重的心理健康问题,甚至引发自杀念头。我们需要时刻提醒自己,孩子的行为背后是有原因的,这并非他们的本性,而是因为他们经历的某些事情影响了他们的思维、情感和选择方式。如果我们能够及时介入,帮助他们调节那些有毒的想法和记忆(通常以痛苦的情绪、行为、身体感觉和观点的形式显现——这些都是警告信号)我们就能有效防止这些信号演变成抑郁、长期焦虑、惊恐发作、精神障碍,甚至自杀念头。

我们独特的思维方式在大脑中得以体现

如前所述,每个人独特的思考、感受和选择方式不仅体现在他们的身份认同上,也反映在他们的大脑结构中。神经科学家彼得·斯特林(Peter Sterling)和西蒙·劳林(Simon Laughlin)在《神经设计原理》(*Principles of Neural Design*)一书中提到,每个人的大脑皮层中都有大约 200 个专门的独特区域,这些区域由众多专门的电路组成，构成了每个人独特身份的基础。这些独特的模式使我们每个人都能够对世界做出独特的贡献。某些天赋，比如莫扎特的音乐才华，正是源自这种独特性——他天生拥有那种"特别的东西"。同样，你的孩子也带着"特别的东西"来到这个世界，他们拥有独特的天赋，可以为世界做出不可替代的贡献！

然而，当孩子的身份认同受到威胁时，他们独特的思考、感受和选择方式，即他们"行动中的心智"，可能会脱轨。这种脱轨在大脑中表现为两侧大脑之间的不协调或失衡，进而影响他们的认知推理和灵活性，最终影响他们的自我感。大脑对心智极为敏感，这种敏感性可以通过脑电波（如 δ 波、θ 波、α 波、β 波和 γ 波）及其频率之间的关系，进一步反映在血流和不同神经化学物质在大脑中的流动中。

例如，当一个人经历身份危机时，大脑中可能会出现一些显著的变化，如额叶活动能量的下降和颞叶区域高 β 波能量的局部峰值。额叶的 θ 波能量可能减少，导致 α 波和 β 波的不对称，而随着高 β 波振幅的增加，γ 波通常会减少。这些变化会导致大脑血流量和供氧量减少，从而显著降低清晰和理性思考的能力。在思维过程中，蛋白质可能发生错误折叠，导致电化学紊乱，激活保护性免疫反应。如果最初引发这些问题的根本因素没有得到处理，免疫反应可能会过度，进而对大脑和身体造成更多损害，导致皮质醇和同型半胱氨酸水平升高，增加孩子患病的风险。甚至染色体上的端粒也可能因此受损。

这样一来，孩子的自我调节能力会下降，进而削弱他们利用直觉、监控自己思维和自我对话的能力。他们可能会对自己变得不那么友善，自我价值感也随之下降；他们的心智容易被严苛的、未加管理的侵入性思维"噪声"淹没。这种情况可能导致自我厌恶、低自尊、自我破坏、取悦他人、承受压力、过度敏感，以及有毒的羞耻感等行为表现。

例如，孩子可能会花大量时间在社交媒体上，这在某些方面是有益的，比如，与朋友和家人保持联系，了解他们感兴趣的话题等。然而，如果这导致恶性比较循环，让孩子因为看到别人所做的事情而认为自己的生活环境不安全，这将对他们的身份认同产生负面影响。他们可能开始觉得自己本质上有缺陷或问题，从而引发一系列行为变化，包括攻击性增强、取悦他人、饮食失调、情绪低落或社交焦虑等。

边界与身份认同

教导孩子关于边界的知识，对于帮助他们管理自己的身份至关重要。这就像教导孩子理解与他人之间的边界，帮助他们更好地理解人际关系和社区一样。边界为孩子们提供了一个安全的区域，让他们能够在其中自由探索和认识自己是谁。

一种有效的教导孩子了解边界的方法是，为他们提供日常活动的不同选项，并让他们自己做出选择。例如，当孩子想玩某些可能对他们有危险的物品时，你可以先说明为什么这些行为不安全，然后提供几个其他安全的选择，让他们决定自己想做什么。在这种情况下，你设定了一个清晰的边界，解释了背后的原因，同时尊重他们的选择权。这种做法不仅帮助孩子在需要约束的情境下理解边界并获得掌控感，还能增强他们的自主性和自我认同感。

我们设定边界时，一定要解释原因。仅仅说"因为我说了算"往往会将我们的教导与恐惧、惩罚联系在一起，可能还会误导孩子，让他们认为如果自己比别人聪明，就可以无视他人的观点，这并不是一种健康的习惯。我知道放下自己的权威向孩子解释对许多人来说可能很难，因为在许多方面，我们确实比孩子更有经验、更有智慧。然而，这并不意味着孩子不具备独立性——他们正在成长并学习关于世界的知识——他们应该被鼓励提出问题。事实上，当孩子问"为什么"时，这是一个宝贵的教学机会，能帮助他们更好地理解自己以及他们在世界中的位置。记住，我们只是自己经历的专家，而孩子则是他们自己生活的专家。

> **和孩子试一试**

当你为了保护自己和孩子而设定限制或边界时，尽量使用不会让孩子感到被拒绝的语言。例如，如果孩子需要你的关注，而你正在开会或打电话，尽量避免简单地推开他们，不要直接告诉他们不要打扰你。你可以提前告诉他们："我现在正在忙，等我处理完之后，我们可以一起玩或者我来抱抱你。"这样，你向他们传达了一个信息：你会照顾他们的需求，但也需要时间来处理自己的事务。这是一个设定个人边界的完美示范：你设定了自己的边界，同时也表现出愿意关心和满足他们需求的态度。

很多时候，父母感到过度劳累和筋疲力尽，往往是因为他们没有与孩子设定明确的边界。作为父母，这确实是一个挑战，养育孩子、满足他们的需求与避免过度承担、让自己疲惫不堪之间，边界往往模糊。我建议你进行自己的神经周期法练习，帮助自己厘清作为父母需要设定的边界。通过这种方式，你不仅能够更好地管理自己的能量和情绪，还能以一种更加有支持性和建设性的方式陪伴孩子，促进你们之间的关系，并帮助孩子健康成长。

重要的是，要记住，在为孩子设定边界的同时，我们也要尊重和认可他们的经历和情绪。我们必须尊重孩子的空间、时间、隐私和情绪，即使他们年纪还小，就像我们希望他们学会尊重我们的空间、时间、隐私和情绪一样。要让孩子学会如何与他人设定健康的界限，他们需要通过与令他们感到非常安全的人——我们——设定边界来"练习"。这就是为什么倾听孩子，理解他们感到舒适与不适的事物是如此重要。

我理解这可能很难做到，所以请一步一步来。很多时候，我们需要为了孩子的学习和成长而坚持执行一些规定，比如，让孩子刷牙、穿鞋或洗手。

有时，育儿中一些必要的行为可能会不经意间压制孩子的意愿。在这种情况下，尊重孩子的个人边界，反而能更好地教会他们关于边界的概念。例如，一些小孩子可能不喜欢过多的身体接触，即便是和父母之间，这是很正常的！作为父母，我们应尊重孩子关于身体空间的边界，让他们能够感知和表达自己的需求，即便我们可能无法完全理解他们的感受。最重要的是要陪伴在孩子身边，告诉他们，无论遇到什么问题，都可以向我们寻求帮助。为孩子创造一个能够探索自我和需求的安全空间，是至关重要的。

尽管孩子们可能尚未完全理解边界的概念，但他们通常很清楚哪些事情让他们不舒服，而这些感受也会随着时间的推移而变化。当我们尊重孩子的个人空间，并鼓励他们去探索自己的需求时，**实际上是在帮助他们建立自信，让他们明白，表达自己的需求和边界是完全可以被接受的**。这不仅帮助孩子从小学会说"不"，还让他们理解"同意"的重要性。

一个向孩子解释这一点的有效方法是，先想想当有人对你大喊大叫或说些伤人的话时，你会如何回应，你会怎么告诉对方你无法与他们互动。和孩子一起通过这样的例子练习，然后向他们解释，设定思维边界就像与他人设立边界一样，只不过这次是针对自己内心的负面想法，而不是针对别人。例如，当蒂姆发现自己对自己说"我很难相处"之类的话时，他会转变思维，告诉自己："不，你并不难相处。是那些本应爱你的人给你带来了困扰，他们才是难相处的人。"

未得到有效管理的身份危机可能会产生深远的影响

最新研究表明，孩子的自我感在 4 岁甚至更小的时候就开始发展。认为年幼的孩子只能以具体的方式理解自己，无法像成年人或年长孩子那样推理出自己的特质、自我价值和身份认同的观点是错误的。正如前文所述，孩子的洞察力远超以往研究的发现。这意味着，他们的身份认同比我们之前理解的更具可塑性，且更容易受到经历的影响。

孩子的身份认同正在被他们周围的一切事物和每一个人所塑造。这意味着，他们不仅关注具体的行为和结果，例如"我画了一幅漂亮的画"，还能够从一般特质和能力的角度看待自己，比如"我画得很好"。他们会根据自身的经历形成自我价值的认知和洞察，例如，"我是个好孩子，因为我做了（或说了）……"。然而，值得注意的是，孩子不仅能积极看待自己，当他们遭遇困难或感到失败时，也可能产生负面情绪并变得沮丧。

这项研究有两方面的重要意义。首先，孩子在很小的时候就能理解并理性地处理自己的情绪，这意味着我们需要积极而持续地帮助他们应对生活中的挑战，从而维持和发展他们的身份认同。其次，如果我们不主动帮助孩子处理和管理他们的生活经历，特别是他们的洞察力和推理能力，他们的身份认同可能会受到影响。我们必须时刻提醒自己，孩子对自我的认知依赖于他们周围的人以及有限的生活经验的塑造。

孩子对自身能力、自我价值和身份认同的灵活推理能力是受环境影响的。这意味着，他们的经历——尤其是思维中的记忆——以及周围的人，都对其发展产生影响。因此，在描述孩子的行为时，我们需要格外谨慎，尤其是在使用"你是……"这种表述时。我们选择的词语和表达方式可能会误导孩子，因为他们往往会深信我们对他们说的话。

当我们使用"你是……"这样的表述时，孩子可能会推理出这是他们唯一可以表现的方式，并将其内化为自我认同的一部分。因此，他们可能不会将固执或好斗视为对某种情境的反应，而会认为这是他们的本性——一种无法改变的特质。此外，当这些行为受到负强化时，孩子可能会产生"我很糟糕，无法自控；我的父母这样说我，他们生气并责备或惩罚我，所以我一定很坏"的认知。

这就是我们需要谨慎选择言辞，避免用负面话语定义孩子的原因。我们应向他们传达，当前的行为并不决定他们的未来。例如，当孩子不想穿鞋时，与其说："你真难搞！"不如说："我看到你不想穿鞋，这并不是因为你淘气，你肯定有自己的原因，能告诉我为什么吗？"这种回应不仅能激发孩子的认知推理能力，让他们有机会发展思维灵活性，还能以建设性的方式帮助他们建立积极的身份认同。

"你是……"这样的表述会削弱孩子的身份认同，而"你这样做是有原因的"则有助于培养健康、灵活的推理能力，促进而非攻击孩子正在发展的自我认知。这种表达鼓励孩子从不同的角度看待自己，对他们的心理成长和心理韧性具有重要意义。它传递的信息是："没关系，我知道这不是你真正的样子。让我们一起弄清楚为什么你会有这样的感觉。"这样的回应能够增强孩子的自主感和掌控感，这对身份认同的发展至关重要。

直升机式育儿与安全网式育儿

为了帮助孩子发展自主性并建立健康的身份认同，我们需要学会如何适度参与孩子的生活，而不是过度干涉。"直升机式育儿"指的是对孩子过度保护和过度关注。采用这种育儿方式的父母，往往会时刻跟随孩子，指挥他们的一举一动，填满他们的每一时刻。这种育儿方式剥夺了孩子独处、自由玩耍和自主成长的机会，也限制了他们学习和发展健康生活技能的空间。

这种育儿方式会对孩子的心理成长产生负面影响，传递给孩子这样的信息："父母不相信我能独立完成，所以我一定有什么问题或缺陷。"这种做法会打击孩子的自尊，尤其是当父母总是在孩子犯错时出手相助，而不是教导他们："犯错没关系，这是你可以改进的方式。"孩子因此无法学会如何应对失落、失望或失败，而这种能力的缺乏会随着年龄增长影响他们的心理发展。许多研究表明，直升机式育儿会让孩子在独立应对和管理生活压力时感到无力，这种育儿方式与儿童较高的焦虑和抑郁水平相关。如果不加以管理，这些问题可能会在孩子长大成人后变得更加严重。

父母采用这种育儿方式的原因有很多，包括对未来或世界的恐惧，或希望保护孩子免受成长过程中可能遭遇的伤害。在许多情况下，曾经感到被忽视、冷落或不被爱的成年人，可能会将这种缺失过度补偿在自己的孩子身上。然而，这些不安全感会被孩子察觉到，然后他们需要用自己有限的经验来解读这些信号。不幸的是，孩子可能会因为想取悦父母而将责任归咎于自己，这反过来会影响他们在成长过程中的自我感。

相比之下，"安全网式育儿"是一种更为健康的育儿方式。这种方式为孩子提供了一个可以自由调整的空间，允许他们体验失望和沮丧，并帮助他们以安全、无评判的方式处理这些情绪。这种育儿方式会让孩子拥有成长型心态，勇于面对失败，并从中学习和进步。它可以归纳为：这里行不通，但没关系，我们可以修复、学习并成长。安全网式育儿鼓励孩子在身体和心理上都能做到的范围内挑战自己——家长虽然退后了一步，但始终陪伴在孩子身边。这种方式有助于孩子建立自我价值感和增强心理韧性，进而塑造他们的身份认同。

为了理解这种育儿方式，可以将其想象为，孩子在学习成为一名杂技演员，你紧张地看着他们一步步爬上梯子，偶尔在梯级上滑倒。接着，你看到他们站在小小的台子上，准备跳跃到秋千上或走上钢丝。你就像下面的安全网，张开双臂，准备在孩子跌倒时接住他们，但前提是他们已经尽力调整并尝试过。你在那里保护他们免受沮丧，帮助他们重新振作并继续尝试。你是他们勇气的来源，支持他们继续向前，练习走钢丝、荡秋千或表演精彩的体操动作。

消除所有挑战和过度纵容孩子，会让他们变得沮丧和自负，进而阻碍他们的心理发展与成长。相反，当你教导他们面对挑战，处理并重新构建他们所经历的困难时，你不仅帮助他们塑造个性，还能引导他们发现内在的潜力——他们独特的天赋，是献给世界的贡献。

17
身份认同问题与神经周期法

任何人在理解自我时都会经历波动，这是非常正常的，因为我们很难不受他人意见和社会环境的影响。我们并不总是清楚地知道自己是谁，这没有关系，关键是帮助孩子制订一个应对策略，帮助他们管理在经历身份危机时产生的情绪，避免这些情绪占据并吞噬他们的自我感。

记住，当你和孩子一起练习身份认同的神经周期法时，建议将你的观察和感悟记录在日记中。

对于 3~5 岁的孩子

年幼的孩子通常通过他人对自己的看法来认识自己，你就像他们的镜子。从很小的时候开始，孩子就会将这种"反映"内化，并将其融入自己的身份认同中。这就是为什么我建议在回应孩子之前，先使用神经周期法来厘清自己的情绪。这样，你可以更清晰地意识到并管理自己传递给孩子的信息。作为 4 个孩子的父母，我深知在情绪激动时容易反应过度，说出或做出令我后悔的事。我们都时不时需要一点帮助。

对于 6~10 岁的孩子

随着年龄的增长，他们开始更加重视同龄人群体，这会影响他们对自我的看法。同伴关系在这个阶段变得尤为重要。因此，我们需要避免将孩子与兄弟姐妹、朋友或其他同龄人进行比较，因为这种比较可能对他们的自我认知产生负面影响。在这一阶段，孩子还需要进行许多开放式对话，这将帮助他们学会使用词语来描述自己，包括他们喜欢什么、不喜欢什么、相信什么，以及他们最喜欢的活动等。

1. 觉察

提出问题并引导孩子，帮助他们提高对警告信号的觉察。以下是一些建议。

- 观察孩子的情绪反应：他们是否表现出情绪警告信号，如持续的愤怒、焦虑、担忧、自怜、嫉妒、骄傲、愤世嫉俗或绝望？这些情绪的强度如何？这种情况持续了多久？
- 观察孩子的行为变化：他们的行为是否发生变化？这种变化有多大？变化持续了多长时间？
- 收集孩子的身体感受：观察孩子是否有身体不适的警告信号，

例如，头痛、心悸或肠胃问题。症状的程度如何？这种情况持续了多久？
- 了解孩子的自我认知：孩子对自己的态度如何？他们如何看待自己？

使用这些提示来调整你的提问，帮助孩子更清晰地了解自己的感受和反应。

对于 3~5 岁的孩子

- 使用情绪警告信号箱（见第二部分）：让孩子挑选出最能表达他们自我感受的一张图片，例如，一张显示一个人对着镜子做愤怒表情的图片。
- 使用行为警告信号箱：让孩子挑选出最能表现他们正在做什么以表明他们正在生气的图片，例如，一张显示一个人在对他人大喊大叫的图片。
- 使用身体感觉警告信号箱：让孩子挑选出最能表达他们身体哪里疼痛的图片，例如，一张显示一个人头痛的图片。
- 使用观点警告信号箱：让孩子挑选出一副最能代表他们当前感受的太阳镜。

对于 6~10 岁的孩子

- 使用情绪警告信号箱：让孩子挑选出最能表达他们自我感受的一张图片、一个词语或一个短语。
- 使用行为警告信号箱：让孩子挑选出最能表现他们正在做的行为，以表达他们的自我感受的一张图片、一个词语或一个短语。
- 使用身体感觉警告信号箱：让孩子挑选出最能解释他们身体的感觉的一张图片、一个词语或一个短语。
- 使用观点警告信号箱：让孩子挑选出最能表达他们对兄弟姐妹、朋友、学校、生活等方面的态度的一张图片、一个词语或一个短语。

2. 反思

以下是一些提示，可以帮助你理解他们是如何看待自己和自我价值的。

- 这些警告信号是否表现出某种模式？
- 是否存在某种规律或反复出现的情形？
- 这些信号是什么时候开始的？是否与特定的事件或变化有关？

- 这些信号持续了多长时间？有无明显的起伏？
- 孩子是否能够将这些模式的出现与生活中的具体变化或事件联系起来？
- 孩子是否表现出羞愧或自责的情绪？如果有，背后的原因是什么？
- 孩子是否似乎在努力寻找生活中的意义和激情？他们在这方面遇到什么样的挑战？
- 你认为他们的身份认同受到了哪些生活故事或经历的影响？这些影响是如何塑造他们对自我的看法的？

对于 3~5 岁的孩子

你可以问孩子：

- "如果你的玩具会说话，它们会怎么描述你？"
- "当我抱你的时候，你感觉怎么样？"
- "你能画出现在你脑子里在想的东西吗？"
- "你觉得今晚你会做什么梦？"
- "你最喜欢什么（声音、游戏、人物、食物、活动等）？为什么？"

对于 6~10 岁的孩子

你可以问孩子：

- "你有没有觉得自己在探寻喜欢的事情时遇到了困难？"
- "你觉得最近发生的事情有没有让你对自己有不同的想法？"
- "我注意到你最近对生活、学校和友谊似乎没那么兴奋了，你觉得是什么原因呢？我能帮上什么忙吗？"
- "什么事让你最近对自己感到不太好？"
- "想一想你喜欢做的事情或者擅长的事情，你能列举出来吗？如果现在想不出来，也没关系，我们可以一起想一想为什么你没有头绪。"（尝试观察他们是否难以回答或已经没有答案）
- "你觉得为什么会发生这种情况呢？"
- "你为什么想成为那样的人呢？"

3. 写/玩/画

在与孩子进行"觉察"和"反思"这两个步骤时，记得把你自己的观察和孩子的反馈记录下来。这些记录不仅在你需要咨询心理治疗师时会有帮助，也能在与家人和朋友讨论时提供清晰的视角，帮助你厘清思路，更好地理解孩子正在经历的情感和挑战，并找到有效的支持方式。以下这些提示将帮助你更深入地了解，孩子如何看待自己和他们对自我价值的认知。

对于 3~5 岁的孩子

让孩子通过画画、表演或使用与"觉察""反思"步骤相关的图片来帮助他们组织思维并理解自己的感受。你可以将孩子在第一步中从警告信号箱中取出的每张图片或词语粘贴到一个日记本中,这样可以帮助他们回顾和整理思绪。如果孩子想到更多与感受相关的内容,鼓励他们继续添加更多的图片或词语。你还可以询问孩子是否想用玩具来表演这些情境,帮助他们通过游戏和表演进一步表达和处理自己的情感。

让孩子引导你,并告诉你他们需要多少帮助。记住,实践"安全网式育儿",要尽量避免在孩子还未请求帮助之前就插手。虽然马上介入的做法很诱人,但给孩子自主探索的空间非常重要。不需要让孩子在每个活动中都进行大量的游戏、写作或绘画,关键是要为他们提供足够的时间和支持,帮助他们逐步学习如何管理情绪并建立自我认同。因此,避免操之过急,给孩子更多的时间去发展和进行自我探索。

对于 6~10 岁的孩子

让孩子把从警告信号箱中取出的图片、词语或短语放入日记本中,并鼓励他们为每一项写一个句子。如果孩子愿意,也可以在旁边添加或画上一些图画。鼓励孩子写下或画出任何关于他们如何看待自己的想法,帮助他们更好地表达情感和思维。根据孩子的需求,提供适当的支持，但要让他们主导这个过程，指导你该如何帮助他们。

4. 重新检查

思考一些方法，帮助孩子从不同角度看待自己，并尝试通过你自己生活中的例子来解释这些方法。这不仅是与孩子建立深厚联结的好机会，也能让孩子意识到，你也曾在自我认知的过程中遇到过挑战。通过分享这些经历，你能够帮助孩子看到，面对这些挣扎是每个人成长的一部分。

在进行这一步时，记住使用前文"你是……"陈述的讨论，因为这样的表述可能会影响孩子的身份认同，所以，应该更多使用像"你这样做是有原因的"这样的表述，这有助于培养孩子的灵活推理能力，鼓励他们从不同的角度看待自己。

不要忘记将你与孩子讨论和重新构建的内容记录下来或画出来，这是你和孩子共同合作和努力的成果。你可以记录你认为重要的信息，而孩子则可以通过使用词语、短语或绘画来表达自己的想法和感受。

对于 3~5 岁的孩子

- 帮助孩子仔细查看他们在前三步中发现的内容，看看是否有任何潜在的模式，以便他们能够重新定义、塑造他们思维、语言和行为的思维树。你可以这样对孩子说："我注意到，如果哥哥不让你做游戏的主导者，你会生气。我们可以先按哥哥的方式玩游戏，然后你再向他展示你想要的玩法，好吗？"通过这样做，你能帮助孩子认识到，他们可能是出于对高效率的渴望而做出了这样的反应，他们在组织游戏或项目上可能有着非凡的能力。孩子需要的是找到一种更有效的方式来达成目标，而不是生气，你可以引导他们发现并实践这种更成熟的应对方式。

- 你可以帮助孩子更好地理解为什么要有边界。例如，你可以说："我看到，等待我完成手头的事情让你很不高兴，我为此感到抱歉，但完成我的事情对我来说很重要。在等待我的时候，有没有什么事情是你可以做的？"通过这种方式，你能帮助孩子将令他们沮丧的事情转化为能让他们开心的建设性活动，同时也能引导他们探索自己的兴趣和自我认同（例如，他们喜欢做的事情）。你还可以说："我注意到了，我想看一会儿我喜欢的电视节目，这让你很不高兴，但我也需要做一些让自己开心的事情，就像你做你喜欢的事情一样重要。在我忙的时候，你想做些什么呢？"这将帮助孩子理解，尽管你们有不同的需求，但每个人都需要做对自己重要的事情，以感受到更多的自我。你也可以说："我知道你因为我关掉电视而生气,我希望你能放心地向我表达这些感受,但现在是睡觉时间。如果你睡的时间不够,你可能会感到非常疲倦。"每个孩子都有自己的社会认同,关乎他们是如何看待自己在社会中与他人有关的各种角色的。孩子从他们的社会认同中获得自豪感、自我价值感和一致性。因此,鼓励他们"重新检查"这种类型的边界非常重要。

对于 6~10 岁的孩子

你可以问他们是否愿意自己回答"重新检查"步骤的问题,或者是否需要你的帮助。你可以这样对他们说:"我知道你一定很擅长找到这些问题的答案。如果你需要我的帮助,随时告诉我,我很乐意提供帮助。"

例如,你可以这样说:

"没关系,生气(或其他情绪)的你并不能代表真正的你,让我们一起弄清楚为什么你会有这种感觉。"

"我注意到,有时候你在这种情况下会感到嫉妒(或其他情绪)。当你有这种感觉时,你可以问自己一些问题,比如:我到底在嫉妒什么?为什么会这样?我能从我嫉妒的人身上学到什么?为什么这个朋友让我感到嫉妒?我能做些什么来改变我的感受?我为自己做过的哪些事感到自豪?我希望自己多做哪些事情?当我感到嫉妒时,我也会这样问自己感觉很有帮助!"

"与其拿自己跟别人比，不如问问自己：'我为什么想要跟他们比？为什么觉得必须这样做？'"

当你与孩子一起进行这一步时，帮助他们识别可能导致身份认同危机的缺点和常见错误是非常有益的。你需要向他们强调，这不是一种羞辱练习，而是帮助他们更好地了解自己，从而获得成长。你可以解释说："有时我们最大的缺点或错误其实与我们最大的优势密切相关。那些我们擅长的事情，可能在某些时候被引导到了错误的方向。如果我们能够识别出哪里出了问题，就能够运用我们的'神经周期法'超能力来纠正它。"

基于上面的例子，你可以这样对孩子说："我注意到你经常因为哥哥按照自己的方式而不是按照你的方式做事而感到恼火，我想这是因为你真的很喜欢把事情做得井井有条，并且擅长为游戏做计划，这其实是你聪明的一面。但你有没有发现，当你和哥哥生气时，游戏似乎变得没那么有趣了？你可以试着友好地向哥哥解释，告诉他你想怎么做可以让游戏变得更有趣，也许你可以和他分享你的计划。我们一起试试看，好吗？如果你需要帮助，可以随时找我。"

下面是一些你可以使用的"重新检查"表述的例子：

你太敏感了。＝"你能够意识到并尊重自己的情绪，因为它们是真实有效的。深刻地感受自己的情绪并没有什么不对。"

你太有攻击性了。＝"你充满激情，只是有时没有完全找到合适的表达方式。幸运的是，你正在学习如何更好地表达自己，并且每天都在进步！"

你总是这样做。="过去你可能是这样做的，但现在你正在学习什么该做，什么不该做。你的过去不能定义你的未来！"

你一无是处。="'有用'不是别人来定义的，而是由你自己来定义。你才能为自己的价值制订衡量标准。"

没有人会爱你的全部。="对的人会爱真实的你，包括你所展现的情感和你为世界带来的独特价值。你是特别的！"

你什么都做不好。="你知道自己会犯错，就像每个人都会犯错一样，而你能够从这些错误中汲取经验，把它们看作学习和成长的机会。"

5. 积极行动

和孩子一起制订一个简单的短语或动作，他们可以通过说或做这些，来练习在"重新检查"步骤中学到的内容。一旦孩子确定了这个短语或动作，可以创建一个提醒，帮助他们每天至少说或做7次。这将帮助孩子反复练习新思维，从而让他们大脑中的思维树更加健康和强壮。

请记住，循序渐进地进行"积极行动"，并作为每日的成长提醒，能够帮助孩子引导他们不断变化的大脑朝着正确的方向发展，同时增强他们的自信心。

对于 3~5 岁的孩子

可以从简单的短语开始，逐步推进。在练习神经周期法的第 1 天，适合这个年龄段孩子的，关于身份认同的"积极行动"可以是简单的一句话，比如："我不需要再生气了，因为我是一个非常特别的人。"到了第 2 天，这句话可以发展为："我的玩具说我很善良，学东西很快。"到第 3 天，又可以变成："我可以帮妈妈整理玩具——我能做很多事情。"依此类推。

对于 6~10 岁的孩子

同样应从简单且可行的任务开始，避免让孩子感到有负担。请记住，时间是充裕的！身份认同的发展是一个渐进的过程，不必急于求成。

在练习神经周期法"的第 1 天，关于身份认同的"积极行动"也可以是很简单的一句话，例如："我意识到，看别人的生活会让我对自己感觉不好。"到第 2 天，这句话可以发展为："当我将自己的生活与他人的生活进行比较时，我确实感到非常难过，所以我打算专注于自己和我喜欢的事情一周，看看我的感受如何。"依此类推。

帮助孩子度过身份危机的额外建议

以下是一些额外的建议，在你与孩子一起通过神经周期法帮助他们发现和塑造身份时，可能会有所帮助，也非常适合作为身份认同的"积极行动"的提示：

- 避免通过指出孩子的错误来让他们感到难过，或通过让孩子内疚来促使他们改进行为。这样做不仅无益，反而会让孩子感到羞愧。相反，应该以不带评判的方式帮助孩子从过去的错误中总结教训。一个有效的方式是，通过分享自己从错误中吸取的经验，帮助孩子理解失败是成长的一部分，且每个错误中都有宝贵的学习机会。
- 请记住，任何人在理解自我时都会经历波动，这是非常正常的，因为我们很难不受他人意见和社会环境的影响。我们并不总是清楚地知道自己是谁，这没有关系，关键是帮助孩子制订一个应对策略，帮助他们管理在经历身份危机时产生的情绪，避免这些情绪占据并吞噬他们的自我感。
- 提醒自己，你的目标是帮助孩子发现他们独特的身份，而不是将他们塑造为你希望的模样或符合你期望的样子。

18
社交互动

无论我们多么努力地为孩子生活中的起伏做好准备,总有许多事情可能伤害他们,尤其在他们与同样面临心理挣扎的人互动时,这正是为孩子从小提供心理调节方法,帮助他们应对这些挑战如此重要的原因。

社交互动复杂多样,即使对成年人来说也充满挑战。试想,当你还是个孩子,正在学习关于世界的知识,并试图理解周围发生的事情时,社交互动就变得更加困难!幸运的是,当孩子在特定的社交情境中遇到困难,或者受到负面社交环境(如被欺负)带来的长期影响时,你可以运用神经周期法来帮助他们平静下来。

请记住,神经周期法不仅适用于解决眼前的即时问题,也能帮助应对长期困扰。对于日常的小困难,你可以运用"五个步骤"帮助孩子立即平静下来并整理思绪。而对于持续已久的情况,如霸凌或嘲笑,问题可能会以警告信号的形式反复出现,这时,可能需要在多个 63 天周期中持续使用神经周期法,来帮助孩子逐步解决问题并恢复心理平衡。

建立一个系统来帮助孩子管理社交互动是非常重要的，因为社交关系是影响孩子心理健康的关键因素之一。无论我们多么努力地为孩子生活中的起伏做好准备，总有许多事情可能伤害他们，尤其在他们与同样面临心理挣扎的人互动时，这正是为孩子从小提供心理调节方法，帮助他们应对这些挑战如此重要的原因。

与朋友争吵，经历第一次暗恋和失望，辜负自己和他人的期望，乃至其他各种社交压力，都是孩子在成长过程中不可避免的经历。然而，我们可以帮助他们学会如何应对这些挑战，这正是我在这本书中所教授的内容！我们能为孩子做的最重要的事情之一，就是倾听并承认他们在处理与他人关系时所感受到的悲伤、愤怒或沮丧。接着，我们可以引导他们通过接纳（觉察）、处理（反思和写/玩/画）、重新定义（重新检查和积极行动）这些感受，帮助他们找到问题的根源，改进并更有效地管理这些情绪，从而保持内心的平和。

霸凌

如前所述，一些社交情境，特别是霸凌，需要更多的倡导和干预，因为它会在身体、心理和情感层面上造成深远的伤害。不幸的是，许多孩子都经历过或参与过霸凌行为。无论从短期还是长期来看，霸凌都会对孩子的身心健康造成严重影响。在任何情况下，霸凌都不应被忽视或压制。

这同样包括网络霸凌。自社交媒体兴起以来，网络霸凌已成为孩子面临的重大问题之一。受害者的父母通常对发生的情况一无所知，甚至即便知道，也往往难以有效干预。

根据最新的数据统计，全球每 3 名儿童中就有 1 人在过去 30 天内经历过霸凌。年幼的儿童在遭遇霸凌后，可能会在学业、社交和心理健康方面受到深远影响，这些影响往往会持续到成年。霸凌造成的创伤，深刻影响着儿童建立自我认同、与他人建立关系、学习信任或不信任他人的方式。

预防霸凌是一项需要整个社区共同参与的任务，涉及家长、教育工作者和其他社区成员的全面合作。只有通过家长、教师、治疗师、心理学家、医生、学校管理人员、学校辅导员等各方的共同努力，才能实现真正的变革。这种变革不仅需要覆盖整个家庭和学校，还需要结合多学科的策略，其中包括精心设计的小组活动，学校和家庭提供的更多积极的同伴互动机会。

事实上，霸凌不仅仅是"学校的问题"。在学校遭遇霸凌的孩子与在家中被兄弟姐妹霸凌的孩子之间存在密切的联系。父母在家中可以采取的一项重要措施是全家一起使用神经周期法，而不仅仅是针对受霸凌的孩子。这不仅有助于缓解负面情绪，还能预防负面社交习惯的形成，这些习惯可能会影响孩子在学校中的行为表现。

在南非学校 20 多年的工作经历中，我通过间接运用神经周期法解决了霸凌问题，帮助孩子管理心理健康，消除霸凌对社交互动的影响。这一方法既适合孩子在学校时使用，也适合与父母一起在家里使用。我在教孩子们如何使用神经周期法时，会同时开展这项工作。

事实证明，神经周期法是一种极为有效的方法，它不仅能够从根本上解决霸凌问题，还能消除霸凌的长期影响。神经周期法将重点从传统的"以惩罚为中心"转向通过心智管理、身份认同和大脑发展来平衡情感和认知的成长。通过这种方法，学生被赋予了接纳、处理并重新定义自己情绪的能力，从而解决了霸凌背后的情绪忽视、未满足的需求和身份认同的深层问题。这一过程培养了孩子的同理心，并帮助他们更好地理解自己对他人的影响，进而意识到自己是更大社区的一部分。随着这些学生逐渐掌握如何学习、如何建设自己的心智和大脑，他们的创造力、自信心和求知欲得到了提升，这也帮助他们更好地管理情绪和内在动机，从而减少了霸凌行为。

虽然这听起来像是一个理想的故事，但实际上，这正是你和孩子可以开始做的事情。你越多地帮助他们使用神经周期法来管理情绪和心理健康，就越能帮助他们将负面的社交经历转化为深刻、有意义的人际关系。

同理心

对抗霸凌的关键条件之一是培养孩子的同理心。同理心帮助孩子意识到他人也有自己的观点、感受和情绪，这些都应得到尊重，它教育孩子避免将自己的观点强加给他人，帮助他们理解，生活不仅仅是关于自己的，更是关于他们在这个世界中的位置和与他人的关系的。

孩子越多地练习同理心，他们就越会调节自己的行为，并根据与他人交往的对象和所处的情境进行调整。研究表明，孩子在3岁时就能开始表现出真正的同情心和同理心，并理解自己的感受和经历与他人的不同。什么时候开始教孩子培养同理心都不算太早！

此外，正如之前提到的，同理心有助于孩子发展身份认同。身份认同、自主性、同理心和心理韧性是紧密相连的，因为我们越能理解他人的独特性，就越能学会认识和珍视自己的独特性。研究还表明，具备较高同理心的孩子在沟通上更为熟练，因此更能有效避免冲突和霸凌的发生。

孩子的同理心包括以下几个关键特征，了解这些特征，对你与孩子一起进行"重新检查"步骤可能会有所帮助：

- 理解自己与他人的差异，认识到他人有不同的感受、观点和经历。
- 识别和命名情绪，能够区分自己和他人的情绪，并准确表达。
- 调节情绪反应，学会在面对挑战时控制自己的情绪反应。
- 设身处地，能够想象他人在特定情境或面对某个事件时的感受。

- 积极行动，想象在特定情境下，哪些行为或反应能够帮助他人感觉更好。

婴儿时期，同理心便开始萌芽，并在儿童和青少年时期持续发展。这个过程受到我们天性、养育方式，以及自我认知等多方面因素的影响。虽然同理心是人类天生就拥有的，但我们仍然需要鼓励孩子通过自我调节来练习并深化这一能力。

除非我们知道该关注哪些细节，否则很容易错过幼儿展现同理心的迹象。例如，幼儿在与熟悉的孩子玩耍时，往往会表现出比与陌生孩子互动时更复杂且富有同理心的行为。此外，幼儿询问其他孩子所经历的事情也是他们具有同理心的体现，例如，他们可能会用有限的词语，甚至通过手势询问另一个孩子为什么哭泣。

作为父母，我们可以通过自我调节来帮助孩子培养同理心，而当你与孩子一起练习神经周期法时，正是在自我调节。在"觉察"步骤中，你通过倾听孩子表达情绪来肯定他们的感受，这不仅帮助他们重视自己的感受，也教会他们关注他人的感受。当你和孩子一起进行"反思"和"写/玩/画"步骤时，你是在向他们展示，他们的感受和反应是真实且有意义的，他们独特的经历值得被重视。当你与孩子一起进行"重新检查"和"积极行动"步骤时，你是在教他们理解，自己和他人都可以拥有独一无二的经历，并且每个人都可以选择如何回应这些经历，成为自己想成为的人。

同理心与道歉密切相关，与其强迫孩子说"对不起"，尤其是在他们还小，可能无法完全理解道歉背后的真正含义时，不如教他们如何对他人产生同理心。例如，如果孩子在玩耍时因生气打了他们的兄弟姐妹，导致对方哭泣，你可以这样引导他们："看，你的姐姐/妹妹/哥哥/弟弟真的很伤心，正在哭。（觉察）因为你打了他们，所以他们很疼。（反思）我们能试着让他们感觉好一点吗？（重新检查）你觉得能做些什么来让事情变得更好？也许是一个拥抱，还是一个亲吻？下次你生气时，你会怎么做？（积极行动）"

我建议，在与孩子一起练习"神经周期法"时使用表达同理心的句子，而不仅仅是指出他们做错了什么。以下是一些很好的例子：

"我能看出你很生气。"

"我能听出你在生我的气。"

"我能看出你很伤心。"

"你感到恼火是完全可以理解的。"

"我能看出你现在有很多不同的情绪，你需要一些帮助来处理这些情绪吗？"

通过使用这类句子，你可以教会孩子，在解决当前问题时看到并确认他人正在经历的情绪。

依恋

　　社交互动的核心在于建立依恋并发展深刻、有意义的关系。孩子的依赖性意味着家庭和父母对他们的发展和社会经验的感知具有深远的影响。孩子一出生便开始与父母建立联系，这种依附关系为他们探索世界奠定了基础。孩子通常将父母视为生活的模板，研究表明，他们对父母角色的认知往往是理想化的。孩子会将父母采用的养育方式与自己和父母之间的依恋关系进行比较，这些期望和互动有助于塑造孩子的自我概念、自尊、代际信念、关系动态，以及整体人格。

　　然而，最重要的关系之一是与自己的关系，这种关系深受我们童年时期依恋关系的影响。通常，孩子的依恋关系是一个连续体，既有健康的，也有不那么健康的。一些依恋关系能满足孩子对深刻、有意义的连接的自然需求，帮助他们学习如何自我满足，从而感到舒适、安全和有保障。这类积极的依恋关系对孩子的生理、神经和社会心理发展产生深远的积极影响。

　　有些依恋关系可能相对中性，缺乏足够的关爱和鼓励，这使得孩子难以自由地表达自己。尽管孩子可能知道自己被爱，但他们可能并没有真正感受到这种爱。不幸的是，某些依恋关系可能是有毒或有害的，会进而导致行为问题（如注意力缺陷多动障碍）、不信任的性格、代际养育问题，以及其他身心健康问题。最极端的情况下，童年创伤带来的有毒依恋关系可能会在青少年和成年时期以有害的方式表现出来，这与神经可塑性的特点密切相关：无论是积极的还是消极的经历，都会被深深植入大脑的神经网络中。然而，正如我在本书中多次强调的那样，这些负面的依恋关系并非注定要成为我们的命运，被编织进去的模式可以被改变（重新定义），包括我们与他人的依恋关系。

一个糟糕的开端是极其不公平且令人心碎的，就像蒂姆的故事所展示的那样。从襁褓开始，他就未能得到生母最基本的关爱和支持。他的亲生母亲不仅没有安慰他，反而虐待他；不仅没有保护他免受身体上的痛苦，反而加害于他，在他遭遇伤害时袖手旁观。当蒂姆开始学说话时，他的生母教他撒谎以掩盖自己的虐待行为，无论是关于噩梦、失禁、淤青还是疾病。当他需要医疗帮助时，她却无视他的痛苦和挣扎，任由他独自承受。

然而，当我和蒂姆坐在一起时，我们度过了非常愉快的时光。他善良、聪明，且调整得很好。尽管经历了如此多的痛苦，他仍然像其他快乐的8岁男孩一样，这让我感到十分惊讶。在我们的谈话间隙，他与我的狗玩耍，和妹妹在海里游泳，并不断提出深刻的类比和关于心智与大脑的精彩问题。

蒂姆的故事表明，即使一个孩子的人生起点极为艰难，也并不意味着他们的余生注定不幸。尽管他早年被养育的经历充满创伤，依恋关系也严重扭曲，但正如他出色的父亲和继母所展示的那样，当孩子被置于爱与关怀之中，并且得到有效的心智管理支持时，他们被治愈和改变是完全可能的。

依恋关系没有固定的模式，这也是在孩子成长的文化背景中，培养安全感、自由感和自主感尤为重要的原因。健康的依恋关系在每个孩子和每种文化环境中都有不同的表现，但其核心是为孩子提供一个安全的基地，让他们能够从这个基地出发，去探索世界（这就是前文提到的"安全网式育儿"原则）。蒂姆的父母为他建立了这样的基地，使他能够开始治愈并探索自我。通过建立充满爱与关怀的依恋关系，他的继母和父亲帮助他发现并探索内心的世界。

孩子拥有多种认知技能，包括认知灵活性、多任务处理能力，以及在环境变化或期望发生变化时调整思维的能力。这些技能在儿童和青少年阶段最为强大，随着年龄增长逐渐减弱。儿童能够灵活应对环境变化并适应，然而，童年时期的压力和创伤可能会削弱孩子的认知灵活性，因此，越早教会他们心智管理和自我调节，就越能帮助他们在社交互动中有效运用这些技能，建立健康的依恋关系，从而促进他们的成长与发展。

19
社交互动与神经周期法

与孩子一起使用神经周期法并不一定要很复杂，也不需要按照特定的方式或在特定的地点才能有效。

在下面的故事中，我将融合神经周期法的五个步骤，展示在事情变得棘手时，父母要如何通过这一过程平复情绪，并将其作为一个迷你神经周期法，帮助孩子应对当下的社交困境。

想象一家五口——妈妈、爸爸、7岁的双胞胎女儿和10岁的儿子——正要去参加一个家庭聚会。就在他们准备下车时，其中一个女孩香塔尔突然开始哭泣，香塔尔的哥哥原本想早点进去和表弟的小狗玩，但因妹妹突如其来的情绪而不得不待在车里，他感到十分沮丧，于是对香塔尔大喊让她停止哭泣，还讽刺她的脸颜色红，斑点还多。这让情况变得更糟了，香塔尔从啜泣转为尖叫，嚷着不想进去，抱怨说自己讨厌这个家，因为他们总是嘲笑她，说她太瘦、太矮、还戴着丑眼镜。她的双胞胎妹妹简也开始跟着哭了。

父母一开始试图劝说香塔尔，告诉她聚会很有趣，大家都很爱她,而且她戴上眼镜看起来更聪明。他们还安慰她,说她还在长身体,不必太在意表兄妹们的嘲笑,并提到外婆很爱她,会保护她,如果她不进去,外婆会很难过的,然而,香塔尔还是不停地哭。

这让她的父母很生气,他们提高了音调说:"你让我们很难堪,家人都看见我们的车停在这里了!你简直是在无理取闹。如果我们现在不得不回家,我就没收你的手机,你整个周末都不准用!"简也开始大喊大叫:"到底怎么了?我也想和小狗玩!"然后她的哥哥也喊道:"你为什么不能像简一样?"正如你所料,所有这些喊叫只会让情况变得更糟。

然后,事情发生了转变,妈妈意识到情况正在恶化,于是决定使用神经周期法。她首先对自己使用了神经周期法。她开始觉察自己和家人的沮丧情绪,以及身体的紧绷感,注意到自己正在用尖锐和恼怒的语气说话,并开始产生"这个爸爸真糟糕"的想法;接着,她反思香塔尔的行为,发现这与平时大不相同,回想起上次家庭聚会时香塔尔曾抱怨被嘲笑,她想象香塔尔当时有多难过(在处理当下的情境时,想象可以替代书写);然后,她尝试从香塔尔的角度重新审视这件事,这帮助她理解了进入屋子对香塔尔来说是多么可怕。做出这一转变后,进入"积极行动"就变得轻松多了,她爬到后座,充满爱意地搂住女儿,并为之前对她发脾气道歉,她解释了自己生气的原因——她非常期待见到她的妈妈、爸爸和姐妹们,而且大家已经在车上待很久了,她真的很想进屋休息。妈妈还告诉香塔尔，她非常爱她，香塔尔的存在带给她无尽的快乐，无论香塔尔说什么或做什么，这一点都不会改变。她只花了几分钟做这些事，便帮助她们俩都平静了下来。

随后，妈妈开始了另一个神经周期法，这次是和香塔尔一起，专注于帮助她度过眼前的困境。妈妈引导香塔尔觉察自己的感受："我知道你不想进去（行为警告信号），你能告诉我你现在的感受（情绪警告信号）吗？你感觉身体有哪里不舒服（身体感觉警告信号）吗？"香塔尔回答说，她很害怕，肚子疼，还告诉妈妈她的头也很痛，想哭。妈妈回应道："我想你真的很害怕再次经历那些嘲笑，这让你对自己感觉很糟糕（观点警告信号），是这样吗？"

接着，妈妈开始与香塔尔一起反思，向香塔尔解释说："我理解当身边的人让你对自己感觉不好时，你有多难受，你的表兄妹对你说的话确实很伤人，妈妈完全认同你的感受。"妈妈继续补充道，她自己以前在工作中也遇到过类似的情况，曾经有人对她说了不友善的话，导致她很长一段时间都很难再回到工作中去。就在这时，家里的其他人也开始分享自己的类似经历。此时，香塔尔已经完全停止了哭泣，认真地听着大家的发言。

妈妈的行为促使大家一起反思，为什么这种情况会伤害香塔尔，并在脑海中回忆香塔尔描述的被嘲笑的场景。香塔尔提到，有一个表亲曾为她辩护，但她不确定今天这个表亲是否会来，这让她感到很担心。

接下来，全家一起讨论如何解决这个问题。他们决定，如果表兄妹们再次说出刻薄的话，香塔尔将会直面他们恶语，而她的兄弟姐妹们会全力支持她。香塔尔会告诉表兄妹们，虽然她视力不好，但她可以像名人一样戴上酷炫的眼镜；尽管她很瘦，但她很健康。她会要求他们停止嘲笑，因为这种行为不仅不友善，还让她感觉很糟糕。家人还鼓励香塔尔，如果表兄妹们继续嘲笑她，她可以直接让他们停下，然后走开，因为一个人并非和每个人都能成为好朋友，若对方不愿意改变，她就有权远离这些不健康的关系。全家还一致同意，如果这种方法不起作用，香塔尔的兄弟姐妹们会叫来大人一起讨论这个问题，共同找到解决办法。

最后，大家一起拥抱了香塔尔，并为之前说的不友善的话向她道歉。香塔尔决定进去（她的积极行动），她紧紧握着双胞胎姐姐的手，心里充满信心，因为她知道自己已经有了一个计划，这计划能够帮助她顺利参加完这次家庭聚会。

当他们走在通往大门的小路时，爸爸轻声对香塔尔说："我为你有勇气面对表兄妹感到骄傲。"香塔尔露出了灿烂的笑容，当她看到最喜欢的表亲和外婆在等她时，笑容变得更加灿烂。

与孩子一起使用神经周期法的过程并不一定要很复杂，也不需要按照特定的方式或在特定的地点才能有效。这些步骤可以在需要的时候快速完成——它们旨在帮助你应对困难情境，且随时随地都能使用。

帮助孩子应对社交互动挑战的额外提示

以下是一些额外的提示,在你与孩子一起使用神经周期法时,能帮助他们应对社交互动挑战。这些提示也非常适合作为"积极行动"的引导:

- 当孩子与朋友发生冲突时,试着倾听他们的悲伤、愤怒或沮丧。倾听他们的经历,询问他们是希望挽回局面,还是觉得放下更好。给予他们选择的权力——这不仅能帮助他们感受到掌控力,还能鼓励他们发展同理心,而不是仅依赖你来做社交决策。告诉他们,有些关系值得争取,而有些关系的结束也是可以接受的。和他们一起探讨,如果放下这段关系会是什么样子。在孩子表达完感受,释放所有情绪并完成神经周期法的五个步骤后,鼓励他们进行一个放松活动。

- 在给孩子建议之前,先问问他们是否需要建议。有时,孩子只是希望找到一个安全的地方倾诉和表达情绪,而不是寻求解决方案。

- 当孩子的言语或行为伤害到他人时,教他们如何道歉。最有效的方法是以身作则——先自己道歉并解释原因。你做得越多,孩子就越能学会自我调节,并明白在何种情况下应该道歉。

- 记住,孩子有权质疑和挑战各种观点、规则等。当他们这样做时，倾听他们的意见，并通过神经周期法引导他们。你甚至可以向他们展示，如何以有条理、非攻击性的方式使用神经周期法来挑战某些事物。

- 对自己好一点——养育孩子并不容易！如果回头看，你可能会意识到："我当时做得不够好，我不应该在那个时刻发火，我本可以回应得更好或者用不同的方式说和做。"与孩子分享这些反思，能向他们展示什么是洞察力和自我反思，并为你们提供修复和加深关系的机会。我们需要承认自己行为的影响，同时也要理解我们的初衷。我们希望给孩子最好的，但也要记住，我们也是人，也会经历自己的"事情"，这些事情有时会影响我们的判断。

20
标签

想象一下，你的孩子是班上的新生，正遭受霸凌，而你已经注意到他们行为上的变化。他们在课堂上或家里难以像以前那样集中注意力，总是容易分心，焦虑程度逐渐加剧。尤其在安静的环境中，他们很难静坐，总是坐立不安，不停讲话，耐心也变得不足。他们往往没有经过深思熟虑就做出反应，在对话中频繁打断他人。

这些是大脑疾病的症状吗，还是生活中某些问题正在影响他们的身心健康，发出的警告信号？作为家长，你该如何应对？你应该听从谁的建议？

贴标签的故事

我有一位患者，约翰，便遇到了类似的情况。2000年，10岁的约翰在母亲的陪同下来到我的诊所。他的成绩一直都不理想，他开始觉得自己在学业上毫无希望。他总是感到一种强烈的躁动感，常常在座位上扭来扭去，不停变换姿势，频繁请求去洗手间，并不是因为他真的需要去洗手间，而是因为他迫切需要活动一下。

可以想象，约翰经常惹恼班级老师。他被转介给了学校的心理专家，而心理专家仅凭老师的报告就诊断他患有注意力缺陷多动障碍（ADHD），并将他转给精神科医生进行药物治疗——心理专家甚至没有花时间与约翰进行交流。精神科医生在短短 15 分钟内，仅仅通过一份问卷询问了几个问题，就开了药方，并告知他们几周后复诊。

几天后，约翰的妈妈再次带他去看了精神科医生，ADHD 药物抑制了他的食欲，导致他体重大幅下降，并且出现了抑郁症状。精神科医生告诉他们，约翰的"大脑疾病"正在恶化，需要同时服用抗抑郁药。这种药物组合不仅未能缓解抑郁，反而让约翰极度烦躁，出现了自杀倾向。当精神科医生建议再加入抗精神病药物时，约翰的妈妈拒绝了。于是，他们来到了我的诊所。

我和约翰坐下来，听他讲述自己的故事。他说，当他活动时，能帮助自己集中注意力，而一旦被要求坐着不动，他发现自己很难集中注意力，也很难理解老师在讲什么。此外，他生长得非常快，个子比同龄人高出很多，但身体却很瘦弱。他因为频繁去洗手间而被同学嘲笑，这让他感到非常难过，也为自己的成绩感到尴尬。在同学的嘲笑、老师的挑剔、成绩的压力，以及被贴上"ADHD"的标签后，他被告知自己有个"坏掉的大脑"。同时，他还要努力理解自己的情绪波动，忍受药物带来的食欲不振和精力下降。所有这些让他感到无助、迷茫，甚至觉得自己在一切方面都是个失败者。

当约翰走进我的办公室时，他弯着背，头发遮住了眼睛，他不愿与我对视——他在尽力隐藏自己。然而，当我让他讲述自己的故事时，情感的闸门瞬间打开了。他感受到的强烈的羞耻感几乎将他吞噬。他觉得自己时刻都在被老师、同学，甚至全职在家的母亲审视。妈妈非常担心他，想方设法保护他。他的父亲则期望他完美无缺，总是将他与兄弟姐妹做比较，而他的兄弟姐妹似乎总是无所不能。

听完约翰的故事后，我的第一步是和他一起完成关于身份认同的神经周期法练习，帮助他重新认识自己的价值。在最初的几次会谈中，我们都专注于这一工作。同时，我还将他教室里的椅子换成了一个普拉提球，这为他的大脑提供了所需的摇摆运动。结果，他的注意力和专注力得到了显著改善，这对他的思维能力产生了积极影响。尽管接下来的几周里他仍然面临一些挑战，但他学会了利用神经周期法来管理自己的思维和感受，这帮助他更好地调节情绪和行为。

我们进行了多次家庭共同参与的神经周期法练习，旨在改善有害的家庭活动和行为。妈妈学会了从"直升机式育儿"转变为"安全网式育儿"，她意识到自己之前的过度保护其实是出于对孩子的关爱。爸爸也认识到，将约翰与兄弟姐妹比较并没有激励他，反而让约翰更自卑，于是，爸爸开始学习认可约翰作为独立个体的价值，帮助他重建身份认同，并在学业上给予他更多的支持。

此外，约翰还学会了运用神经周期法来提升学习效率。他的成绩显著提升，甚至开始辅导班上的其他孩子学习。随后，我建议他们去看一位医生，帮助约翰逐渐停药，并推荐了一位内分泌科医生检查他的激素水平。这些措施让约翰的身体状况有所改善，重新开始进食。我们还同时开展了家庭治疗和个人治疗，以帮助他更好地应对学习和情感上的挑战。

这个故事可以怎样帮到你

约翰和我一起工作了将近 1 年，期间我们完成了约 5 个为期 63 天的神经周期法训练。在这个过程中，他重新学会了信任自己，发现了自己独特的潜力和自我调节的"超能力"。他没有被注意力缺陷多动障碍的（ADHD）标签困住，而是成长为一个快乐、适应性良好的年轻人。我希望约翰的故事能成为每个孩子的故事，但遗憾的是，现实往往并非如此。目前，首次诊断为 ADHD 的平均年龄为 7 岁，在 2000 年—2015 年间，兴奋剂药物的处方率增加了 800%。据估计，只有 1%~2% 的孩子符合 ADHD 的诊断标准，但实际上多达 15% 的孩子被诊断为 ADHD，而且这一比例每年都在上升。例如，在过去短短的 20 年里，开具多动症药物的数量增加了 50 倍。总体来看，越来越多的孩子被诊断、贴标签，并开始接受药物治疗。

对孩子进行诊断、贴标签和药物治疗，真的对他们有帮助吗？最近的一项研究发现，ADHD药物并未改善孩子的成绩或学习能力，这也是我在与约翰以及其他儿童、成人合作中亲眼见证的事实。实际上，大量研究表明，像利他林（Ritalin）这样的ADHD药物与抑郁症风险增加相关，尤其是那些同时服用抗抑郁药的孩子，他们的自杀风险也有所增加。

需要明确的是，注意力缺陷多动障碍（ADHD）和注意力缺陷障碍（ADD）的症状是非特异性的，且在普通人群中非常常见。没有明确的界限可以区分一个精力充沛，表现出一些多动、冲动和分心行为的孩子与一个真正难以集中注意力学习的孩子。这些标签本质上既不精确，也充满主观性，并不像它们所暗示的那样指向某种特定的生物学原因——判断标准在很大程度上取决于观察者的视角。事实上，在任何特定人群中，这些特征的正常分布存在广泛的个体差异，并且在不同家庭、学校和文化中，人们对这些行为的容忍度也存在很大的差异。

目前是否有证据表明，基于纯粹生物医学方法的诊断和标签系统对孩子有帮助？如果有，我们当然应该继续使用这种方法。然而，如果证据表明这种做法弊大于利，且标签和诊断让许多孩子被污名化，失去自我效能感，那么很显然，将孩子的问题置于其复杂的生活背景中，理解其行为产生的原因，才是更为明智的选择。

将症状视为信号

经过 30 多年的研究，配合临床实践，我相信证据支持的是第二种选择。在我的硕士论文和研究中，我发现，当教导孩子在不同生活情境中专注于管理自己的心智时，他们在学术、认知、社交和情感功能上有显著改善。在南非公立学校工作超过 20 年的经历中，我也亲眼见证了这一点。

我和团队在得克萨斯州达拉斯的一所特许学校系统中进行的一项神经周期法学习应用研究中，我们发现五年级学生的阅读成绩提高了 25%，数学成绩提高了 22%；八年级学生的数学成绩提高了 11%，阅读成绩提高了 9%。这些结果证实，通过教导孩子掌握生物-心理-社会的整合能力，充分利用他们与生俱来的思考和学习潜力，可以有效帮助他们克服许多学习上的困难，避免被贴上学业失败的标签。

多年来，我注意到将儿童的困扰和不成熟行为进行标签化和医学化处理的现象显著增加。在我执业的最初几年，我与一支由专业人士、父母等人员组成的团队紧密合作，深入了解每个孩子的故事，并探讨问题的来源与背景。这是一个持续、动态的过程，通常需要几周甚至几个月的时间。虽然神经学和生物学因素是调查的一部分，但它们并非决定性因素。我们深知，孩子的症状是经过一段时间积累形成的固定模式的信号，且这些问题已经严重干扰了他们在多个层面上的功能。这些问题无法在15~30分钟的会诊中，依靠简单的检查表来调查或解决。

精神病学诊断如果被视为症状的描述和警告信号，是有其价值的。然而，它们并不是纯粹的解释性概念，也无法像癌症或糖尿病那样明确界定生物状态。当我们说一个孩子正在经历"躁狂发作"，其实只是为一些可观察到的行为（如发脾气或四处乱跑）提供一个名称或分类。同样，当我们说一个孩子患有ADHD，也不过是为一些可观察到的行为（如难以集中注意力、易分心和过度活跃）提供一个标签。

如果我们不花时间详细探讨每个症状的背景，询问谁、什么、如何、何时、何地，以及为什么，我们实际上是在伤害孩子。这些症状发生的频率有多高？触发因素是什么？孩子是否存在集中注意力的时刻？在做出诊断之前，我们应当采取整体视角，综合考虑所有因素，这包括耐心等待和观察、获取专业建议、培训父母等照顾者、调整环境、减轻压力、培养学习技能，以及进行相应治疗。

当然，这种心理健康方法需要时间和资源才能得以实施。遗憾的是，"考虑儿童关系的复杂性和长期影响，与资金短缺、时间紧迫、基于证据、基于标签、基于协议的研究现状并不兼容。"然而，孩子的生活故事很复杂，无法被简单地归入某些条条框框中。

正如研究员兼心理健康倡导者彼得·戈茨谢（Dr. Peter Gøtzsche）所指出的："如果狮子攻击我们，我们会感到极度害怕并分泌应激激素，但这并不意味着应激激素让我们感到害怕。让我们害怕的，是狮子本身。我们不需要任何遗传倾向或'化学失衡'来解释这种应激反应。"因此，如果我们仅仅关注应激反应及其对孩子身心的影响，我们将忽视真正的"狮子"，而这个"狮子"可能在短期和长期内对孩子造成深远的伤害。

《精神障碍诊断与统计手册》（简称：DSM）中的许多标签是由一个专家委员会创建的，而委员会成员在很大程度上是根据自身经验对标签及其相关症状做出主观决定，这也是该手册频繁修改的原因之一。已故的临床研究员、心理学家及 DSM 前顾问宝拉·卡普兰（Paula Caplan）曾明确指出：

> DSM 中常有一种不应得的科学精确感。它的标题中有"统计"一词，并为每个诊断类别和子类别分配了看似精确的 3~5 位数字代码和患者需要具备的症状列表。然而，DSM 所做的，只是将一些症状——如悲伤、恐惧或失眠——联系起来，构建出缺乏坚实科学依据的诊断类别。许多治疗师依据 DSM 来为患者诊断，试图将一个人硬塞进某个标签类别中。

我们需要记住，虽然分类在理解和管理人类经验时是有帮助的，但没有任何单一类别能够完整概括一个人的全部经历。正如我们常说的，事情往往比我们想象的要复杂得多。

超越生物医学

是的，诊断和标签看似有其价值，但它们也有阴暗的一面。标签往往会影响父母对孩子行为的期望，形成将孩子框定的社会规范，通常将责任归咎于孩子个人（在这种情况下，归咎于他们的大脑）。这种做法往往加剧污名化和自我责备，因为它将问题简化为大脑损伤或"生物学缺陷"。标签可能向孩子传递这样的信息：他们身上有某种根本性的缺陷，这不仅大大削弱了他们的自我效能感，还可能加重心理健康问题，因为诊断和标签改变了他们对自我的认知。

当前基于生物医学的心理健康系统及其对待儿童的方式存在许多漏洞。多国研究表明，同一班级中，年龄最小的孩子被诊断为 ADHD 的可能性是年龄最大的孩子的 2 倍。许多孩子因为诊断的不准确而被误诊，或被给予了不必要的药物。我们都受到了无处不在的面向消费者的药品广告以及精神疾病商业化的影响。显然，这一切急需改变。

幸运的是，越来越多的科学家和临床医生开始批判这种生物医学方法。最近，一篇在《柳叶刀 - 精神病学》(*The Lancet Psychiatry*) 上发表的研究因其误导性内容而被要求撤回，原因是该研究错误地声称找到了 ADHD 的生物学原因。甚至连基思·康纳斯（Keith Conners，ADHD 之父）和艾伦·弗朗西斯（Allen Frances）博士，都公开批评对儿童的过度诊断、贴标签和过度用药。康纳斯的研究为儿童精神药理学奠定了基础，并曾经将一种不确定的疾病（轻微脑功能障碍，MBD）转变为现在被广泛接受和 DSM 认可的 ADHD 诊断。弗朗西斯博士则是 DSM-IV 工作组的前主席，曾将 ADHD 编入 DSM。正如弗朗西斯所指出的："看到对少数人有效的诊断，在对多数人误用时变得有害，令人感到沮丧。"我们在心理健康领域所宣称的"科学"，其实并不那么科学。正如儿童和青少年精神科医生萨米·提米米（Sami Timimi）所说："我们的专业构建（如精神病医生、心理学家等使用的诊断）并未反映任何'科学'发现的进展，而只是另一套文化信仰和实践，这些信仰和实践可能带来许多负面的、意想不到的后果。确实，像 ADHD 这样的诊断反映了……**将'孩子气'的行为问题化，并将其'医学化'的倾向**，这样一来，所有相关人员就能够回避接受、理解和支持儿童在发展过程中常常不完美且充满矛盾的表现，而这正是一个更为艰难的任务。"

提米米的研究，以及许多其他心理健康专业人士和倡导者的工作，强调了"生物医学精神病学诊断有效且可靠"的观点缺乏足够的证据。目前许多在儿童精神病学中使用的诊断类别，往往无法清楚地揭示孩子真正面临的问题，无论是在原因、治疗还是预后方面。提米米教授在他关于这一主题的多本书籍和多篇研究论文中，深入探讨了 ADHD 是如何被"制造出来"的。实际上，没有发现特征性的基因异常，脑成像研究也未能揭示任何明确的异常特征，此外，关于 ADHD 的特征性化学失衡也未得到证实。

我们有责任超越狭隘的心理健康框架，为孩子发声，这也是我写这本书的初衷。我希望能够赋予你们帮助孩子应对复杂生活经历的能力，让他们不再背负不必要的责备，也不再感到自己受损或毫无价值。

21
标签与神经周期法

你的孩子并没有迷失或"坏掉"。如果他们被贴上了很多标签，与其将这些标签看作孩子大脑生病的表现，不如将它们理解为孩子发出的警告信号。

接下来，我们将探讨如何利用神经周期法来应对这些标签。如果孩子因某些标签而遭遇不公正的限制或污名化，你可以帮助他们学会管理自己的情绪和思维，增强自我调节的能力。

我建议你在使用神经周期法时，记录下你的观察和见解。如果你与儿童治疗师或心理健康专业人士合作解决这些问题，这些记录将非常有帮助。

1. 觉察

假设你的孩子被诊断为注意缺陷多动障碍、双相抑郁、小儿双相障碍、广泛性焦虑障碍、自闭症，甚至是这些诊断的组合，你可能会想了解为什么孩子会被贴上这些标签,心理健康专业人士通常会列出一系列症状回答你,而这些症状往往与你最初告诉他们的情况相似。这正是约翰父母的经历。在短短 15 分钟的就诊时间里,精神科医生就为约翰开出了 8 个以上的诊断,大部分基于他妈妈填写的问卷,而约翰本人几乎没有机会与医生进行交流。

当然,并非每位精神科医生都会采取这种做法。我知道有一些优秀的专业人士,他们更关注孩子的整体故事,而不仅仅是根据症状清单进行医学化的诊断。然而,令人担忧的是,第一种情况比预期的要更为普遍,尤其是考虑到前文讨论的生物医学心理健康模型中,诊断和标签的有效性与可靠性问题。

即使约翰的故事让你觉得似曾相识,我也想告诉你,你仍然应该充满希望,你的孩子并没有迷失或"坏掉",如果他们被贴上了很多标签,与其将这些标签看作孩子大脑生病的表现,不如将它们理解为孩子发出的警告信号,正如第一部分所讨论的。这些信号指向某个或某一系列相关的思维模式,而这些模式都有其根源,正如孩子思维树的根基一样。

首先,针对你观察到的孩子的情况,以及孩子的老师或心理健康专业人士与你沟通过的内容,进行一次神经周期法分析。通过觉察 4 种警告信号,你将能够掌握帮助孩子描述他们所经历情况所需的语言。

记住,这些并不是指向标签的症状,而是描述孩子经历的词语。

以下是一些例子：

- 情绪警告信号：沮丧、生气、愤怒、无聊、兴奋、悲伤、抑郁、焦虑
- 行为警告信号：攻击别人、坐立不安、冲动、孤僻、自控力差、注意力不集中、健忘
- 身体感觉警告信号：肚子不舒服、胃疼头痛、四肢酸痛
- 观点警告信号：因为讨厌学校而不想上学，因感到迷茫而不再享受生活

在你开始与孩子一起使用神经周期法，并询问他们的警告信号之前，可以先向他们解释你自己也使用了神经周期法，因为你想要更好地理解和帮助他们。你可以告诉他们，你注意到他们似乎有一些信号，比如……（列出一些信号），然后，询问他们这些是否确实是他们的感受。根据孩子的年龄，使用示范、图像、图片或适当的语言来帮助他们理解和表达。

向孩子强调并解释，他们不是坏孩子，你也没有因为他们而生气。让他们明白，无论他们做了什么或说了什么，无论别人怎么评价他们，你依然深爱着他们。告诉他们，生活中的一切都有其原因和解决办法，你们会一起找到让情况变得更好的方法。同时，向他们解释你感到不安的原因，并确保他们知道，这并不是因为他们做错了什么，也不是因为他们是"坏人"。

对于 3~5 岁的孩子

他们需要知道，即使自己并不总是表现完美或达到预期标准，也没关系。有时候感到沮丧或生气是正常的，他们不需要担心因此受到批评。引导他们表达 4 种警告信号，这将帮助你更好地理解他们，同时也能帮助他们以安全、健康的方式表达自己的情感。

因此，与其说"你今天是个脾气暴躁的男孩"，不如说"我注意到你今天脾气似乎有些暴躁"，将警告信号作为观察而非标签来表达。这种方式能帮助孩子自由地与自己的真实感受建立连接，并与你一起探索他们此刻所经历的一切。

记住，避免给孩子贴标签，实际上是在为他们提供最佳机会，让他们展现出最真实的自我。在与孩子一起使用神经周期法的过程中，务必给予他们足够的空间和时间，让他们有机会深入了解自己的感受。

对于 6~10 岁的孩子

与其给孩子贴上各种疾病的诊断标签，不如尝试帮助他们描述自己正在经历的警告信号。你可以这样说："你是否因为_____而感到_____？"

同样的原则适用于其他描述，例如，不要说"你很害羞"或"不要害羞"，而是尝试用这样的表达："你需要一些时间来适应新的人"或"你在熟悉的人面前特别健谈"。尽量使用描述性的语言，而不是给孩子贴标签——即使是正面的标签！比如，不要直接说"你很勇敢"或"你很乐于助人"，而可以说"你表现得很勇敢"或"你这样做非常勇敢"。

当孩子被贴上负面标签时，周围的人对他们的期望往往会降低，孩子可能因此错失足够的挑战或机会，无法发挥他们的潜力。正面标签同样存在类似问题，它们会给孩子施加额外的期望，使他们觉得，如果不能达到标签的标准，就不配拥有这种标签。这种压力迫使他们不断去表现自己，反而可能对他们的发展造成负面影响。

给这个年龄段的孩子贴标签，不仅会影响他人如何看待和对待他们，还会影响孩子对自己的看法。标签对孩子的自尊心有着深远的影响，当孩子经常听到关于自己的标签时，他们可能会开始相信这些标签，并以此作为行动指南。因此，请记得常常对孩子说："你不是那个标签。那个标签只是描述你现在因为_____而表现出的行为，但这并不是你永远的样子。"

2. 反思

接下来，逐一回顾你在上一步中与孩子识别的 4 种警告信号，并问问自己：

- 为什么孩子会出现这些信号？

- 这些信号究竟意味着什么？
- 这些信号通常在什么情况下发生？
- 什么因素可能触发这些信号？
- 这些信号持续了多长时间？
- 这些信号是如何相互关联的？
- 哪些信号似乎对他们的学业产生了最大的干扰？
- 哪些信号似乎对他们的人际关系造成了最大的影响？
- 这些信号是否与某个特定事件有关，比如，换新年级、新老师、新朋友，家庭变化，创伤经历或霸凌？

这一步有助于你大致了解孩子的行为模式及其背后的原因，同时帮助你探索这些行为的"起源故事"。接下来，与孩子一起反思和讨论这些信号出现的原因，询问他们是否认同你的看法，或者让他们自己描述这些信号，并说明他们认为这些信号发生的原因是什么。

对于 3~5 岁的孩子

如果孩子在这个阶段的表现未达预期，请尽量避免给他们压力和设限。在尝试理解他们的警告信号时，始终记得考虑孩子的独特性。记住，他们还有大量的学习和成长空间——这些警告信号并非固定不变。在适当的支持和条件下，孩子能够从他们的经历中学习并成长。

你可以鼓励孩子通过角色扮演或使用玩具来表达他们的感受。你可以这样说:"我觉得你的玩具不听老师的话,是因为它们还在学习如何适应上学,而不是待在家里,你觉得对吗?"

对于 6~10 岁的孩子

鼓励 6~10 岁的孩子谈论他们的感受,并通过提问帮助他们表达。将警告信号作为描述来讨论,而不是给孩子贴标签,例如,你可以说"你在这个项目上非常努力,感到有些沮丧",而不要说"你有注意力不集中的问题"。

3. 写 / 玩 / 画

在处理心理健康标签对你和孩子带来的影响时,我强烈建议你在使用神经周期法的过程中,记录下你的经历和感受。在帮助孩子时,你可能会浮现各种情绪和想法,例如,你可能会想记录离开精神科医生办公室时的那份不安,担心孩子的大脑受损;你也可能想写下自己是否有错,这种内疚和焦虑让你感到困扰。通过记录这些情绪,你可以更好地管理自己的感受,从而避免他们在你与孩子一起使用神经周期法时产生负面影响。正如我多次提到的,孩子的幸福依赖于你的幸福。

在进行这一步时,也要记得记录你对孩子 4 种警告信号的"觉察"和"反思",并思考这些信号为什么会出现。逐一分析每个信号,探究其背景和原因。你可以独自完成,也可以与伴侣或治疗师一起讨论。记住,照顾好自己的心理健康同样重要!

接下来,与孩子一起进入"写/玩/画"的步骤,帮助他们更好地表达和理解自己的感受。

对于 3~5 岁的儿童

让孩子通过画画、表演或使用与"觉察""反思"相关的图片来表达和整理他们的思维,进一步了解他们对标签和自我的感受。你可以让他们从警告信号箱中选择图片或词语,贴在日记本上,并在他们想到更多与感受相关的内容时,帮助他们添加更多的图片或词语。此外,你还可以询问孩子是否想用玩具来表演这些感受,帮助他们以更轻松的方式表达自己。

根据"反思"中的示例,你现在可以进行角色扮演,比如说:"让我们来展示一下脑宝宝在家里和在学校的表现——在学校,我们可以怎样帮助脑宝宝呢?"

孩子在每次活动中不需要写很多、玩很多或画很多。有时你可能需要做大部分的工作,但在你为他们做示范时,他们会观察并从中学习。不要着急,记得当孩子开始感到不安或压力大时,使用前文"如何进行大脑准备"中的练习帮助他们放松。

对于 6~10 岁的儿童

鼓励孩子写下他们的警告信号，并在他们需要时给予帮助。接下来，逐一讨论每个信号，询问他们对"为什么会出现这些警告信号"的看法，这些信号反映了他们对学校、生活、人际关系和自我感受的哪些想法。如果孩子愿意，他们还可以通过画画来表达自己的感受，并用文字进一步说明。

4. 重新检查

首先，请独自"觉察"前三步中的信息，并问自己一系列问题：孩子是否只是对最近生活中的变化做出了符合年龄段的正常反应？他们是否在试图处理你们双方都感受到的压力？你内心是否有一个声音在质疑对孩子的诊断和标签？因为你了解自己的孩子，知道他们并非如此。你知道孩子在学校确实遇到了一些挑战，但也许那是因为他们觉得无聊——在家里，他们读的是不同的书籍，并且能够就自己喜欢的话题进行长时间的深入讨论，学校真的能满足他们的需求吗？

接下来，仔细审视你所探索和写下的内容，了解孩子的优势所在，以及他们在哪些环境和情境下表现最佳。思考一下，你可以如何鼓励孩子更多地参与这些活动，充分发挥他们的长处？

接下来，与孩子一起完成这一过程。

对于 3~5 岁的孩子

你可以使用玩具来帮助他们练习神经周期法。你可以这样说:"你的玩具最喜欢做什么?它最擅长什么?我觉得你的玩具在_____方面很厉害,对吗?"

鼓励孩子多做自己喜欢做的、让他们感觉良好的事情。然后,观察他们在什么方面遇到困难,思考自己可以做些什么来帮助他们。例如,或许他们在学校完成拼图时遇到挑战,导致他们觉得自己在学校表现不佳,你可以安排时间在家里和他们一起练习拼图,帮助他们提高这项技能。又或者,如果孩子容易分心,你可以陪他们一起听故事(例如,听有声读物),并鼓励他们在脑海中构建故事的情景,这可以帮助他们提高专注力。

对于 6~10 岁的孩子

通过回顾你们在前三步中识别的模式,与孩子一起重新审视所做的工作,询问孩子是否也注意到了这些情况,并且认为这些事情确实在发生。

想办法利用他们擅长的所有事情,你可以这样说:"让我们一起列一张清单,把你擅长的事情都写下来,能写多少写多少。我先来可以吗?我觉得你讲故事讲得非常棒,而且特别有热情!我特别喜欢你讲的关于_____的故事。你觉得自己擅长什么?"

然后,看看他们在什么方面遇到困难,并思考如何帮助他们。

你可以这样说："我知道你在这门课上很难集中注意力，是不是因为它有点无聊呢？不过你在＿＿＿＿方面懂得很多，也能很好地阅读关于＿＿＿＿的书。你觉得我们可以做些什么，把这项出色的技能运用到你不喜欢的课堂上呢？"

5. 积极行动

为了帮助孩子通过神经周期法克服标签带来的影响，一个有效的"积极行动"可以帮助他们练习专注自己的故事，而不是纠结别人用来描述他们的标签或形容词。

对于 3~5 岁的孩子

可以从以下提示中选择，或根据你在上一步与孩子回顾的内容进行定制，并在接下来的几天里持续练习。例如，如果孩子因注意力不集中而被贴上 ADHD 的标签，可以在做晚饭时与他们一起听有声书，鼓励他们在听的过程中画出自己的理解或想象。另一个"积极行动"的方式是，每周带孩子去当地的图书馆，让他们挑选书籍，并在每晚睡前为他们朗读。你还可以提问关于书中内容的问题，或者询问他们是否想画出书中的情节或扮演书中的角色。

对于 6~10 岁的孩子

学习新知识并锻炼大脑，有助于提升他们的心理韧性，使他们对自己和自己的能力更加自信。例如，基于我在"重新检查"中提到的内容，如果孩子在学校遇到一些挑战，但对鲨鱼非常感兴趣，可以鼓励他们深入学习与鲨鱼相关的知识，并与朋友和老师分享这些信息。像对待较小年龄段的孩子一样，你也可以每周带孩子去当地的图书馆，让他们挑选书籍，每晚睡前为他们朗读，并询问他们对书籍内容的理解，了解他们如何解读故事。

帮助孩子克服标签影响的额外提示

以下是一些额外的提示，在你与孩子一起通过神经周期法帮助他们克服诊断和标签的影响时可能会有所帮助。这些也可以作为有效的"积极行动"建议：

- 如有需要，可以考虑为孩子进行语言和听觉处理评估及治疗，或在需要时咨询言语治疗师以获取建议。
- 如果觉得有必要，可以考虑其他学习支持选项。例如，祖父母或保姆可以通过陪伴孩子来帮助他们学习阅读，或通过神经周期法协助孩子完成家庭作业。
- 如果可能，可以考虑其他教育选择，例如，更换学校，选择采用不同教育理念的学校，如古典教育或蒙特梭利教育。若条件允许，甚至可以考虑在家教育（即家庭学校）。如果选择在家教育，可以向儿童心理学家或语言治疗师寻求帮助，因为这对家长来说可能是一个艰巨的任务。在开始之前，记得了解他们的教育理念，确保他们不会仅仅为了给孩子贴标签或推动用药而施加压力。

- 帮助孩子看到犯错的积极面。你可以这样说："今天你在学校确实很活跃，打扰了其他小朋友，但你现在知道了哪些事情是不应该做的，也明白了什么会让同学们感到困扰。接下来，我们来想想，当你感觉精力充沛时，可以做些什么呢？你可以在普拉提球上多动一动，或者想象自己是一个巨人，而其他小朋友像蚂蚁一样小，你需要非常安静，尽量少动，以免把他们压扁。"

- 请记住，难以自我调节的孩子通常会因为在应对情绪、行为和身体感觉中的强烈警告信号时遇到困难而被贴上标签。当他们难以过滤干扰或控制想动、想说话的冲动时，他们的行为往往会变得更加"显眼"。经常活动、频繁提问、在白板上乱画等行为常常被视为"坏行为"，然而，他们并非故意制造麻烦或激怒大人和其他孩子，而是需要发展自我调节的能力。在这种情况下，使用神经周期法进行心智管理和大脑建设会有很大的帮助。

22
睡眠问题

不断担心孩子的睡眠模式，并将其归类为"睡眠不好"，可能比孩子睡不好本身更糟糕，因为焦虑情绪本身会加剧问题的复杂性。

让孩子入睡并保持睡眠常常是一个挑战！就寝时间、噩梦、分心等多种因素常常让睡眠变得紧张。与此同时，我们不断接收到关于"孩子需要更多睡眠"的信息，来自网站、文章和医学专家的警告，强调睡眠不足可能带来的负面影响，这些都可能加剧家长的焦虑与担忧。

值得注意的是，睡眠与幸福感之间的双向关系比我们之前所认知的要复杂得多。缺乏高质量的睡眠可能导致心理和身体健康问题，反之，心理和身体健康问题也可能影响睡眠质量。遭受过虐待、霸凌或其他创伤，以及长期面临生活压力的孩子，往往睡得更少或睡眠质量较差。此外，生物学和神经学因素也可能是导致孩子无法良好入睡的原因。因此，在解决睡眠问题时，全面了解孩子的生活背景至关重要。

还记得蒂姆的故事吗。尽管进行了多种干预和治疗，他每晚仍只能断断续续地睡 4 个小时，且经常抱怨潮热、腿痛、噩梦，并与尿失禁做斗争。这些问题使得他无法适应传统的学校生活。

对许多父母和孩子来说，这个问题非常现实。因此，需要从尽可能多的角度尽早加以解决，其中心智管理无疑是最为关键的。毕竟，我们的心智是驱动一切的核心。

睡眠障碍

睡眠障碍与儿童的心理和身体健康密切相关。1~12 岁孩子常见的睡眠障碍包括阻塞性睡眠呼吸暂停（1%~5%）、梦游（17%）、混乱唤醒（17.3%）、夜惊（1%~6.5%）和噩梦（10%~50%）。阻塞性睡眠呼吸暂停是指孩子在睡眠时出现部分或完全的呼吸阻塞，常见的迹象包括打鼾、咳嗽、呼吸暂停、大声张口呼吸和睡眠不安。梦游是指孩子在睡眠状态下进行活动。混乱唤醒则表现为孩子在睡眠中哭喊、挣扎，甚至出现"抽搐"、喃喃自语或说出完整句子。夜惊可能导致孩子在睡眠中呻吟或哭喊，看起来非常不安，但实际上他们正处于深度睡眠，且很难被唤醒。尽管孩子清醒后可能记得噩梦，但他通常会忘记夜惊的经历。

科技与睡眠

我们都很熟悉科技滥用与睡眠减少之间的联系，科技滥用不仅影响孩子，也影响成年人。如果不调整设备的颜色设置，许多现代科技设备会发出蓝光波，这种光线能够提高警觉性并增强表现力，同时抑制褪黑激素的分泌，从而对睡眠-觉醒周期产生显著影响。此外，屏幕互动的方式和内容也会影响孩子的睡眠，例如，玩视频游戏可能会延长孩子入睡所需的时间，减少深度睡眠（即慢波睡眠），并缩短总体睡眠时间。

正如前面提到的，我们的大脑会与所专注的事物产生深度融合。这种专注能够增强大脑和心智活动，改善睡眠，也可能扰乱神经网络和内分泌系统，从而引发睡眠模式的紊乱。然而，现代科技和社交媒体并非唯一或主要的罪魁祸首，总体而言，孩子们的睡眠时间本来就普遍不足：早晨因上学或日托而早起，晚间因工作和课外活动而晚睡，显著压缩了孩子们的平均睡眠时间。这种快节奏的生活问题自1884年首次由《英国医学杂志》（*British Medical Journal*）提及以来一直在加剧。该杂志将儿童睡眠问题的增加归因于现代社会的迅速发展。因此，认为孩子们睡不好仅仅是因为社交媒体或互联网的过度刺激，未免过于片面。尽管这些技术因素的确存在，但快节奏的生活并非新现象，它已成为多年来讨论的热点话题。

然而，这是人类历史上第一次需要应对社交媒体、互联网，以及现代科技的"在线"特性，我们仍在探索如何有效应对这些挑战。但如何应对的建议不断变化，这使得我们跟上这些变化变得异常困难。

每一代人都面临着不可避免的变化，这些变化必然影响我们的生活节奏，因为环境在不断演变。这也正是从小学习如何管理心智至关重要的原因。生活不断变化，挑战不断出现，我们需要帮助自己和孩子学会如何应对这些变化。

重要的是要记住，睡眠是一个动态过程。随着孩子的成长，睡眠模式会发生变化，并且不断受到他们生活环境的影响。孩子在经历不同的生活事件、重大转变或承受压力时，睡眠模式也会随之变化。我们无法总是避免这些变化对孩子健康的影响，但我们可以帮助他们有效管理这些变化带来的影响。

孩子睡几个小时才算够

我经常被问到孩子需要多少小时的睡眠才合适，是否存在一个具体的"神奇的数字"。实际上，这个问题的答案相当复杂，就像养育孩子的其他方面一样！过于严格的睡眠规则可能适得其反，带来更多的伤害而非益处。这样的规则可能让有睡眠问题的孩子感到自己有某种根本性的缺陷，无论是解决生理还是行为上的问题，标签化的做法容易将孩子束缚在固定的模式中。

确实，缺乏高质量的睡眠常常是父母用来解释孩子情绪困扰的首要原因，这使得睡眠问题往往被病理化，从而使问题变得更加复杂，而非解决它。睡眠障碍通常是父母在孩子出现行为问题，或表现出悲伤、愤怒、沮丧、退缩等情绪困扰时首先需要考虑的问题之一，因此，这很容易变成一个令人焦虑的难题：如果孩子难以入睡，而你被告知根本原因是睡眠不足，解决方法是让他们多睡，以免他们身心崩溃，这时你很容易感到恐慌和无助。然而，我们需要保持谨慎，避免将儿童睡眠不足的问题过度医疗化或过分放大。

尽管我们都认同睡眠对心理和身体健康至关重要，且它确实是导致孩子行为问题的因素之一，但当我们被告知孩子只需要"多睡点"时，这种建议往往会让人感到沮丧和压力倍增。回想一下蒂姆的故事，他在睡眠方面的挑战和他的父母为了让他睡上几个小时所采取的种种极端措施，这样的情况很快就会演变成一场噩梦。

然而，仅仅进行了4天的神经周期法训练后，蒂姆的睡眠状况就开始好转。当我问蒂姆为什么会发生这样的变化时，他的回答令我十分惊讶。他说："丽芙医生，你曾说过，第4天是改变的关键日。在第4天，我确实感受到了一些不同——在妈妈的帮助下，我开始意识到噩梦是我无法入睡的原因，并且我逐渐明白自己能够控制噩梦，它们不再主宰我了。从那时起，入睡变得容易多了。"

当我们只将某个症状视为问题的根本原因时，往往会忽略更广泛的背景。在我的实践中，我常常告诉家长们，要把孩子的挣扎看作一座冰山：我们看到的只是冰山一角，而水下还有更多的因素在起作用。我在本书中提到的心智管理技巧的一个重要优势就是，它们能帮助你和孩子看到冰山的其余部分（或思维树的根源），从而更全面地理解孩子的生活背景，以及他们为何会遇到这些困难。这正是实现持久改变的关键。

你可能还是想知道，孩子晚上到底应该睡多少个小时，是否有一个"神奇的数字"。关于这个问题，已有大量研究，最早可追溯到 19 世纪末。然而，尽管经过这么多年的研究，我们仍未就孩子每晚需要多少小时的睡眠达成明确的共识。毫无疑问，充足的睡眠有许多益处，包括提升能量和注意力，以及促进重要的心理和生理机能的恢复。然而，许多关于孩子睡眠需求的建议，实际上源于不同的观点和辩论。换句话说，并没有一个"神奇的数字"！每个孩子的睡眠需求都是独特的，受到他们生理、神经、心理和环境等多方面因素的影响。

在讨论孩子的睡眠模式时，重要的是将他们视为拥有独特经历和需求的个体。当你或孩子感到压力或恐惧时，提醒自己，没有一种"正确"的睡眠方式或模式。事实上，来自不同国家的儿童有着不同的睡眠模式，这与他们的文化和环境息息相关。例如，欧洲儿童比美国儿童平均多睡 20~60 分钟，比亚洲儿童多睡 60~120 分钟。

此外，睡眠并不是一个恒定的状态。最新的研究表明，"一夜好眠"并不意味着完全的"不间断睡眠"。神经递质去甲肾上腺素和去甲肾上腺素会共同作用，每晚唤醒我们超过一百次，但因为这些觉醒时刻极为短暂，通常我们并不会察觉。去甲肾上腺素能让我们恢复活力，恢复清醒。这种组合使大脑得以重置，确保我们在重新入睡时能稳定记忆，同时也帮助我们醒来时感到精力充沛。事实上，越是能够管理好自己的心智，我们就越能从这一自然循环中受益。

我相信，去除"睡眠期望"有助于缓解围绕睡眠的有害压力和焦虑，从而显著改善你和孩子的实际睡眠质量。与其焦虑孩子是否每晚能睡够特定的小时数，不如将精力集中在帮助孩子找到最适合他们的独特睡眠模式上。这包括帮助他们识别可能产生负面联想的睡眠因素，了解其根本原因，并关注生活中可能影响睡眠的其他因素。

有毒压力与睡眠

睡眠障碍以及与入睡相关的压力，可能给孩子带来极大的困扰，从而形成"滚雪球效应"，进一步加剧他们的睡眠问题。未得到有效管理的压力对大脑和身体的生理影响之一，是下丘脑-垂体-肾上腺轴（见图22-1）的过度活跃，HPA是大脑和身体调节压力的关键系统。这可能导致皮质醇和肾上腺素水平的升高，以及褪黑素水平的降低，进而引发因恐慌而产生的肾上腺素激增，导致孩子在睡梦中

第三部分　将神经周期法应用于生活体验

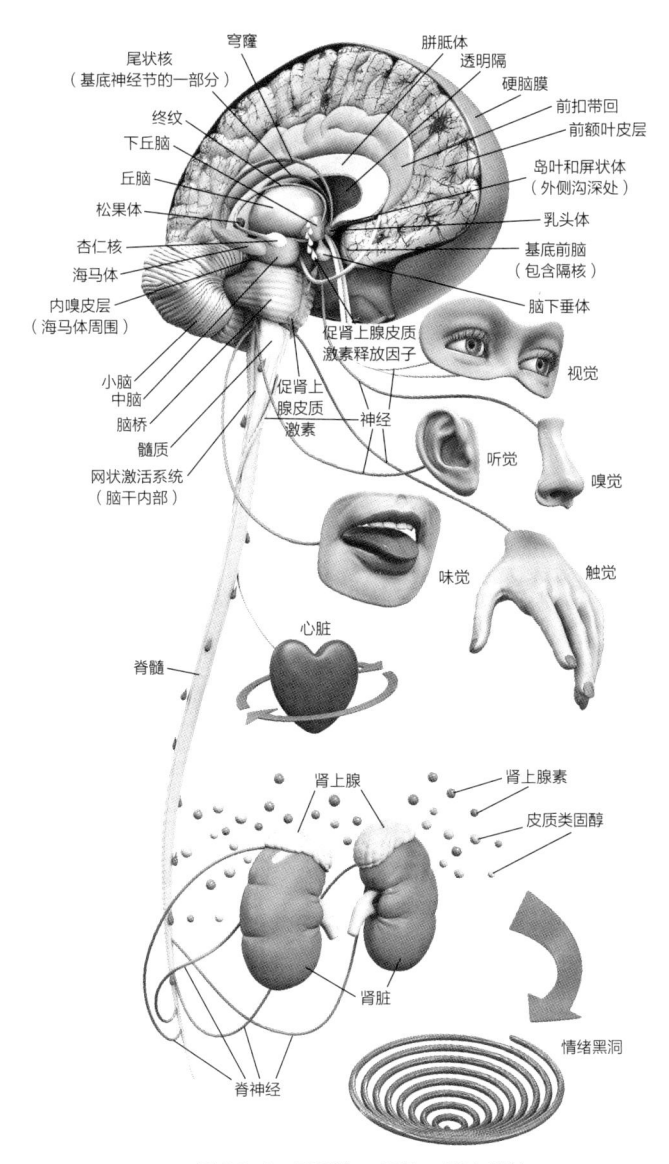

图 22-1　下丘脑－垂体－肾上腺轴

突然坐起、睁大眼睛、或清醒地躺在床上。如果这种情况持续发生，压力反应可能会导致焦虑加剧、抑郁、行为失调、退缩及其他行为问题。

如果你不断接收到关于睡眠不足可能带来的负面后果的信息，这可能会让你对孩子睡眠问题的关注变得更加紧迫和充满压力。事实上，持续担心孩子的睡眠模式，并给孩子贴上"睡眠差"的标签，可能比孩子睡不着觉更糟糕，因为这种焦虑会加剧问题。对事情会出错的预期和随之而来的睡眠困扰，可能会被编织进大脑的神经网络中。而在你还没意识到之前，63天已经过去了，"期待"糟糕睡眠便成了一种习惯！

这并不是说睡眠问题不存在或不会带来压力。根据美国儿科学会（The American Academy of Pediatrics）的估计，25%~50%的儿童有睡眠问题，而且这个比例每年都在上升。尽管人们投入了大量的时间和金钱，借助助眠产品和其他治疗方法来应对这些睡眠问题，但它依然是一个棘手的难题。

然而，当过度医疗干预改变了人类的正常生活状态时，我们未必能让自己或孩子过得更好。正如你在本书中所了解到的，孩子的大脑具有神经可塑性，能够发生变化。孩子可以借助脑宝宝的超能力——神经周期法——通过心智管理来应对并克服具体的挑战。

当我们把孩子的睡眠问题及其影响视为孩子生活中出现问题的警告信号，而非将其病理化时，我们就可以重新审视睡眠的意义，从而减轻孩子在睡眠方面的压力。此外，当我们在生活的其他领域与孩子一起完成神经周期法时，我们可能会发现，这种方法最终也能帮助他们解决了睡眠问题，正如蒂姆的故事所示。万事万物相互关联，一切皆有其内在的联系。

噩梦

噩梦可以发生在任何年龄段的人身上，但在 3~12 岁的孩子中，这一现象尤为普遍。尽管噩梦的确切原因尚不完全明了，但有多个因素可能导致孩子做噩梦。梦境通常发生在快速眼动睡眠阶段。我们从非快速眼动睡眠开始，心智和大脑便会停止处理外部世界的信息，然后进入快速眼动睡眠，心智和大脑开始处理我们内在的思维世界。

正如我们在第一部分中所看到的，思维及其嵌入的记忆储存在心智、大脑和身体的三个层面。当这些思维中交织的情绪是有毒的或未被有效管理时，它们可能破坏心智、大脑和身体之间的平衡与稳态。噩梦可能源于这种错综复杂的情绪网络，这些情绪网络既可能由长期问题（如创伤）引发，也可能由日常问题（如与兄弟姐妹争吵）所致。

当我们熟睡时，非意识心智会介入，试图整理这些不平衡并恢复思维的秩序。噩梦似乎是心智试图厘清我们经历的一种方式。大脑扫描显示，当心智处理情绪感知时，大脑中高度活跃的部分——杏仁核（或称"情绪库"）在我们做噩梦时会变得过度活跃，就像是在应对一种有毒的失衡状态；然而，负责平衡杏仁核的部分——前额叶皮层却不那么活跃。因此，有毒的障碍或被压抑的想法和创伤可能会从意识中隐匿，只有在我们入睡时才会浮现。这就是为什么将梦境中的模式视为警告信号，或成为我所说的"思维梦境侦探"，是我们应教给孩子的一项重要技能。

每个孩子的梦境和噩梦都是独一无二的。通常，他们的观点、想象力和创造力都会在梦境和噩梦中显现出来。通过与孩子一起练习神经周期法，你会开始察觉他们生活中压力源的模式，并能够将这些模式与他们的梦境联系起来。

23
睡眠问题与神经周期法

没有一个具体的"神奇的数字"可以定义孩子每晚需要的睡眠时长。观察孩子，了解他们对不同睡眠时间表的反应，并花时间找到最适合他们的睡眠模式。

帮助孩子为睡眠做好准备，实际上从早晨就开始了，尽管这听起来有些违反直觉。孩子醒来后如何管理自己的心智，会影响他们的生物化学反应、昼夜节律，以及他们有意识心智和大脑中的能量流动。这些因素最终会影响他们一天的状态，甚至整晚的睡眠质量。

不加管理、混乱的心智和大脑可能导致白天和夜晚的混乱（如睡眠障碍）。因此，我建议你（甚至全家人）进行"唤醒睡眠神经周期法"训练，帮助孩子建立健康的日常作息习惯。我将在下文详细介绍这个方法，它简单又高效，几分钟内即可完成。

如果孩子存在睡眠问题或持续的睡眠困扰，除了使用唤醒睡眠神经周期法外，还可以尝试完成完整的63天神经周期法，以深入挖掘可能影响孩子睡眠的思维树，这一点我将在下文中详细讨论。你也可能需要完成多个神经周期法，因为反复出现的噩梦通常是某些未被意识到的内容试图浮现出来。

如果需要，神经周期法也可以与你找到的其他方法结合使用。在你与孩子一起完成这一过程时，你将帮助他们拆解并重建大脑的神经网络，将那些不健康的思维树转化为健康、茁壮成长的思维树。这将有助于平息他们的 HPA，增强他们入睡和保持良好睡眠的能力。

唤醒睡眠神经周期法

你可以将唤醒睡眠神经周期法变成一个有趣的小习惯，在你拥抱和亲吻孩子醒来的同时完成。你可能会发现，在孩子还在床上时就能快速完成所有 5 个步骤。一开始可能会感觉有些笨拙，但随着多次练习，它会变得越来越轻松，最终成为一种常规活动，甚至可以在 1 分钟内完成。

记住，你是在帮助孩子学会观察自己，并在醒来时开始自我调节。正如前面提到的，这是改善大脑健康和为晚间睡眠做好准备的绝佳方式。同时，这也是在一天的开始与孩子建立联系、深入了解他们的好方法。孩子会感受到你对他们的关注，这有助于创造一个安全的空间，让他们可以与你坦诚交流。

1. 觉察

帮助孩子在醒来时关注 4 种警告信号，可以通过一些温柔的问题引导他们，无论是在他们醒来时还是在为他们准备一天的活动时。这些警告信号与他们醒来时的状态以及昨晚的睡眠质量密切相关。

这一步骤适用于所有年龄段的孩子，可根据情况配合使用文字、图片或玩具。你可以问孩子类似以下的问题：

"你现在感觉开心、难过、担心还是兴奋？"

"你的身体感觉怎么样？有没有什么地方酸痛或不舒服？"（在提问时，你可以指向身体的不同部位，帮助孩子表达他们的感受）

在提问的同时，注意观察孩子醒来时的态度和情绪。他们是在抱怨吗？是开心还是兴奋？你还可以问问他们对即将到来的一天有什么感觉，或者他们如何评价昨晚的睡眠情况。

2. 反思

通过一个简单的问题快速过渡到"反思"步骤："你为什么会有这样的感觉呢？"由于孩子还很困，他们可能不会说太多，你可以提供一些词语、玩具或图片作为提示，帮助他们更好地表达。

在进行这个步骤的过程时，你可以注意一下 4 种警告信号是否可能与孩子某个特定的想法相关联。它们是孩子生活中的一种持续模式，还是一次性的情况？

如果孩子想谈论他们的梦境，记住，梦境并不是直接的解释或信号，而是非意识心智为第二天做准备时整理大脑的产物。你不是在试图解释他们的梦，而是在观察他们表达时的语言、身体动作、情绪和态度，看看是否存在任何持续的主题或模式。

同样重要的是要记住，并不是每个孩子都会记得他们的梦境，这是正常的。仅仅通过这些步骤，你就可以洞察孩子的情绪，并且这是教他们每天进行自我调节的绝佳方式。即使一开始孩子的回应很少，大多数时候是你在说话，而他们只是点头或摇头，他们的大脑和心智也在发生变化。

这一步骤适用于所有年龄段的孩子，可根据情况配合使用词语、图片或玩具。你可以问孩子类似以下的问题：

"为什么你现在感到难过或生气？"

"你觉得自己为什么会有这种感觉？"

"你想用玩具或图片（比如脑宝宝）来展示你现在的感受吗？"

3. 写 / 玩 / 画

由于唤醒睡眠神经周期法只需要几分钟，你其实不需要让孩子写下或画出他们的感受和原因。你可以通过让他们想象并描述自己的感受，以及他们认为自己为什么会有这种感觉，来帮助他们形象化这个步骤。

对于 3~5 岁的孩子

你可以准备好图片盒子（包括 4 种警告信号盒子和反思盒子），以便在帮助孩子形象化这个步骤时，他们可以随时拿一个。同时，我还建议你准备好笔和纸，以防你或孩子想通过画画来表达。有时，孩子可能因过度疲劳或情绪困扰而不愿意说话，画画可以成为一种有效的沟通方式。你可以这样问：

"你想用图片给我展示你的梦吗？"

"你能告诉我，你梦到了什么吗？"

在进行这一步时，你可以指向图 23-1、图 23-2，展示脑宝宝睡觉时，梦境和想法从他的大脑中浮现的场景，然后告诉孩子："我们需要捕捉这些在你大脑中流动的睡眠想法，并试着修复它们，因为它们可能会影响你的睡眠。"接着，你可以问孩子是否做了像脑宝宝那样的梦，并尽量让他们解释梦境的内容。

对于 6~10 岁的孩子

你可以问一些类似于较小年龄段孩子的问题，但要使用更多的引导性语言。例如，你可以这样问他们："你需要我帮你找到一些词

图 23-1　脑宝宝在做梦

图 23-2　脑宝宝在做噩梦

语来描述你的感受吗？"

4. 重新检查

在"重新检查"中，你可以根据孩子在前三步中分享的内容，寻找他们的睡眠模式。可以让孩子回顾他们在"写/玩/画"中想象的内容，并在此基础上补充。如果孩子太累或什么都没说，你可以根据你对他们心理状态的观察，给予他们鼓励和安慰，让他们感受到被爱和安全。这有助于缓解他们的压力反应，并增加他们第二天晚上睡得更好的可能性。

对于 3~5 岁的孩子

你可以这样说：

"我会一直在这里帮助你。我能抱抱你吗？这样你会感觉好一些吗？"（只有在孩子喜欢拥抱的情况下使用这个方法。）

"我为你这么勇敢地告诉我你的梦而感到非常骄傲。让我们一起为今晚想一个美好的梦。你想梦到什么？"

"今天你会做很多有趣的事情，它们会帮助你感觉更好！我们来列出一些你期待的有趣事情吧。"

"我知道_____正在困扰着你，影响了你昨晚的睡眠。记住，你不需要今天就解决所有问题，让一切都变得更好。让我们一起做_____，试着让情况变好一些，好吗？"

对于 6~10 岁的孩子

你可以问孩子类似上文的问题，并增加更具体的描述。例如，孩子和朋友吵架了，你可以这样说："我知道你现在可能不太知道怎么解决和朋友之间的争执，但你不必今天就弄清楚所有问题。要不要带上这些饼干（或礼物）送给他们，看看他们的反应？这可能会让事情变得更好，今晚你就能做个好梦！"或者，孩子觉得自己被朋友取笑，导致他们做噩梦，你可以这样说："我知道你的朋友说你很奇怪，还常常取笑你，但你并不奇怪。你是独一无二的，这很棒！你有一种特别的思维超能力，就像脑宝宝一样（可以再次展示超级英雄脑宝宝的图片）。从今天开始，试着练习爱自己，而不是担心别人怎么看你。当你感到难过时，记住我今天早上对你说的话，你是最棒的！"

5. 积极行动

帮助孩子制订一句他们可以在一天中练习的，以解决问题为导向的声明，可以参考步骤 4 中的一些话语。鼓励孩子多练习"积极行动"，这不仅能帮助他们在白天感到更好，还能提升他们晚上的睡眠质量，让他们睡得更香。

对于 3~5 岁的孩子

帮助孩子画一幅画，提醒他们当天的积极行动。你也可以给他们准备贴纸或玩具作为提醒，如果你白天不在他们身边，要确保这是一件他们可以带到学校的小物品。

对于 6~10 岁的孩子

你可以使用上述针对 3~5 岁孩子的建议。如果孩子有电子设备，你可以帮助他们设置提醒，让他们在一天中及时练习积极行动。

睡眠问题神经周期法

如前所述，如果孩子有睡眠困扰或持续的睡眠困扰模式，可以进行为期 63 天的神经周期法练习，以发掘影响孩子睡眠的潜在问题。

1. 觉察

观察孩子是否表现出与平常不同的睡眠模式，以及这种变化如何反映在他们的情绪、行为、身体感觉和观点等警告信号中。你可以参考上述唤醒睡眠神经周期法中的例子，并尽量在孩子醒来时就开始观察。

2. 反思

反思你与孩子在"觉察"中观察到的内容，进行一个快速的自我检查：你如何看待孩子的感受？你自己的睡眠经历是否影响了你对孩子睡眠经历的理解和看法？你是否真正努力倾听了孩子的感受和体验？

比较孩子的睡眠模式与你或其他家庭成员的经历，可能会让你觉得孩子的行为存在问题，因为它可能与你的经验不同。然而，我们应该尽量根据孩子的独特背景理解他们的经历，而不是被自身的偏见所影响。否则，我们可能会形成片面的看法，这将增加所有相关人员的压力。

当孩子表现出反抗并拒绝睡觉时，他们可能是在表达沮丧——一些事情让他们感到困扰，并试图将这种情绪传达给你。重要的是要反思这些特定警告信号背后的原因，而不是仅仅通过惩罚让他们停止这种行为。我们需要帮助孩子理解这些警告信号背后积累的思维，挖掘与这些思维相关的记忆，从而帮助孩子重新构建思维树，进而改变他们的行为。

我喜欢蒂姆向我解释的方式。他说，他的不同梦境"就像在海里捕鱼。有时候，梦特别可怕，就像黑暗的海洋里满是吓人的鲨鱼，我需要爸爸妈妈的帮助来击败这些鲨鱼。但有时候，它们只是一些小小的梦，就像抓小鱼一样，这些小鱼不会让我害怕，反而让我很兴奋，因为能抓到鱼带回家照顾。有时候，梦特别美好，就像海豚在我周围游来游去，这让我感到非常开心。"

你也可以用这个例子来帮助孩子理解美梦和噩梦的不同，以及为什么你和孩子要一起使用神经周期法来重建思维树。

对于 3~5 岁的孩子

你可以这样向孩子解释：他们的噩梦或夜间盗汗等问题，就像是他们大脑中的小伤口，或者他们思维树上的枯叶和断枝。当他们用图片、词语或玩具来谈论这些问题时，就像是在寻找这些思维树的根部，使它们变得更好、更健康。这样，他们就不会再害怕睡觉了。为了让他们更容易理解，你可以使用前文脑宝宝享受健康思维树成长的图片（见图15-2）来说明这一点。

对于 6~10 岁的孩子

你可以使用蒂姆在海里捕鱼的比喻，或者引导他们使用新的比喻来向孩子解释，那些他们正在观察的断枝思维树（警告信号），因为他们敢于谈论而正在失去力量。这些思维树不再隐藏在地面下（非意识）悄悄造成伤害，而是浮现到地面上，让孩子有机会帮助它们变得健康起来。

3. 写 / 玩 / 画

引导孩子通过绘画、玩具、图片、写作或想象等方式，表达你们在之前在"觉察"和"反思"步骤中讨论的内容。

对于 3~5 岁的孩子

可以根据孩子的睡眠问题，通过问题和陈述引导他们表达情绪，例如：

"你做了什么噩梦？你能用图片或玩具告诉我梦的内容吗？"

"没关系，你现在很安全。我会一直陪着你。"

"如果你现在不想说也没关系，我们可以以后再谈这个问题。"

"我们换个房间写 / 玩 / 画你的梦吧，这样我们就可以把那些可怕的东西从你的卧室带走。"

对于 6~10 岁的孩子

可以结合孩子的睡眠问题，使用之前提到的问题和陈述。你还可以引导他们模仿蒂姆的做法。蒂姆和妈妈一起设计了一张"睡眠神经周期法表"（见图 23-3），以帮助蒂姆更好地入睡，这个方法可能也会对你的孩子有帮助。这张表在"重新检查"和"积极行动"中也会使用。

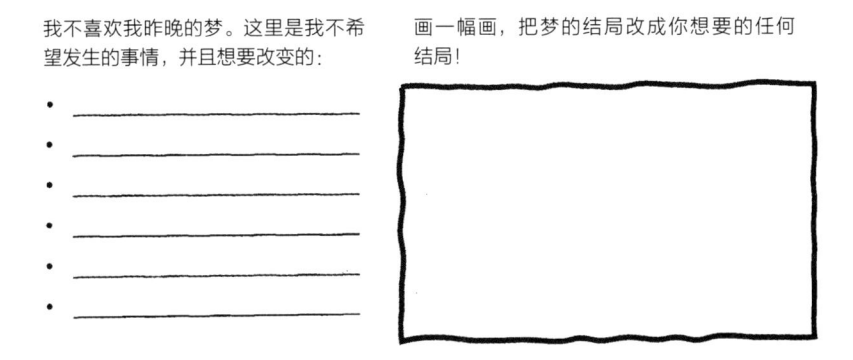

我不喜欢我昨晚的梦。这里是我不希望发生的事情，并且想要改变的：	画一幅画，把梦的结局改成你想要的任何结局！
• _____ • _____ • _____ • _____ • _____	

我可以改变我的梦，因为我比它更强大。我可以改变我的梦，因为……

图 23-3　睡眠神经周期法表

4. 重新检查

　　许多与孩子睡眠问题相关的记忆可能像思维树一样聚集，并不断涌入他们的意识。在这个步骤中，帮助孩子的关键是，根据他们的承受能力逐步将这些记忆片段拼接成一个完整的画面。结合步骤1~3中获得的信息，帮助孩子制订一个以解决问题为导向的声明，供他们在一天中练习。这不仅能增强他们对情绪和问题的掌控感，还可以促进他们的内在成长、改善他们的睡眠质量。

　　如果孩子开始感到压力或不安，请回顾并使用前文提到的放松练习，帮助他们缓解情绪。

对于 3~5 岁的孩子

引导孩子解释并分享他们在步骤 3 中写下的、画出的、表演的或想象的内容。这不仅能够帮助他们更好地理解那些让他们感到困惑的事情，还能增强他们对这些问题的掌控感。同时，这也为他们提供机会，探索可能的解决方法，或者通过重新构建思维树，让它们变得更健康、更积极。

只要与孩子在一起，倾听他们的心声，共同探讨睡眠问题，就能建立一种合作与支持的关系，而不是单纯地试图解决问题或给他们贴标签。

对于 6~10 岁的孩子

蒂姆向我展示了他画的"睡眠屋"，这座房子有两个烟囱。一个烟囱冒着黑烟，代表可怕的噩梦；另一个烟囱冒着轻烟，代表美好的梦。他解释说，当他使用神经周期法重新检查噩梦时，他决定烧掉那些"坏故事"（黑烟），用"好故事"（轻烟）来替代。这是他当天晚上入睡时要练习的思维内容。随后，他会和父母一起探讨噩梦的意义，因为他认为噩梦可能是在提醒他一些关于小时候的事情。然后，他会创造一个让他感觉更好、更平和的新故事，并在接下来的 63 天神经周期法练习中持续回顾这个新故事。

你可以和孩子一起尝试类似的方法，或使用不健康的思维树的图片（见第一部分），帮助他们创造自己的"睡眠形象"。这个步骤要尽量简单，便于记住，并能在实践中应用。比如像蒂姆那样，在睡前想象烟囱的画面，并告诉自己要弄清楚梦境在传达什么信息，进而改写自己的故事，或是让思维树变得更健康。在和孩子一起进行这一过程时，应尽量给予他们安慰和支持，可以这样对孩子说："我很抱歉这让你感到不舒服，让我们一起想办法改善这个问题吧。"

你还可以和孩子分享你自己是如何处理让你害怕或引发噩梦的情况，或者你在做了噩梦时会怎么做。例如，你可以这样说："当我被噩梦吓醒时，我会从床上坐起来，告诉自己这不是真的，我可以等到明天再弄明白这意味着什么。现在，我在床上是安全的。然后，我会打开灯，想一些开心的事情，或者看些有趣的东西，直到我平静下来并感到困倦。"这种分享可以帮助孩子想出他们自己的应对方式，或者借鉴你的方法，设计他们的"积极行动"，以帮助他们培育新的、健康的思维树。

5. 积极行动

从你和孩子共同完成的"重新检查"步骤中，选择一个陈述或声明，鼓励或帮助孩子把它写下来或画出来，以便在一天中随时提醒自己。例如，蒂姆从他的"睡眠神经周期法表"中选出了自己的"积极行动"，并在他的手表上设置了闹钟，每天响 7 次，提醒自己准时练习。

以下是一些适用于各年龄段孩子的"积极行动"，可以帮助他们管理睡眠问题：

- 给孩子一个让他们在入睡时感到安全和平静的陈述，例如："我是安全的，我的家人会确保我的安全。"
- 鼓励孩子在睡觉时抱着他们最喜欢的玩具（如脑宝宝），以提醒自己，他们的心智很强大，比噩梦或其他睡眠问题更强大。
- 鼓励孩子把可怕的梦或睡眠问题画下来，放进一个盒子里，关上甚至上锁。然后告诉他们，当白天准备好练习神经周期法时，才可以打开盒子。还要提醒他们，不必急于把一切都解决，他们有充足的时间，事情会逐步好转。
- 将孩子的房间打造成一个既安全又有趣的地方。可以和孩子一起玩游戏，把他们的画贴在墙上；搭建一个临时帐篷，放上他们喜欢的物品，让他们在里面睡觉，播放他们喜欢的音乐；或做其他让睡眠环境更温馨愉快的事情。通过这些活动，孩子会感受到自己正在以积极和建设性的方式改善睡眠质量。
- 孩子早晨醒来时，立刻表扬并奖励他们，因为他们勇敢地入睡，并知道自己的卧室是一个安全的地方。同时，提醒他们在感到害怕或担心时，随时可以与你沟通。
- 睡前给孩子读一个快乐的故事，鼓励他们闭上眼睛，想象故事中的情节。这将帮助他们带着愉快的思绪和画面入睡。

其他建议

以下是一些额外的建议，当你和孩子一起运用神经周期法帮助他们克服睡眠和噩梦问题时，可能会有所帮助。这些建议也可以作为很好的"积极行动"提示：

- 记住，孩子每晚需要的睡眠时间因人而异。观察孩子的反应，调整睡眠时间表，找出最适合他们的睡眠模式。有些孩子可能需要更多的睡眠，应避免将他们的睡眠模式与兄弟姐妹或其他孩子做比较。
- 有些孩子可能会发现某些改善睡眠质量的方法对他们不起作用，这很正常。可以尝试不同的方法，观察哪种最适合孩子。
- 如果孩子正在经历睡眠困扰，首先从他们独特的成长背景出发，了解他们的经历：最近他们的生活中是否发生了影响睡眠的事情？是否有重大变化发生？你可以观察几天或几周，了解他们的具体状况。
- 如果孩子的睡眠困扰加重或睡眠问题持续时间较长，建议寻求睡眠治疗师等专业人士的帮助。寻求帮助并不需要感到羞耻，因为睡眠问题可能与生物学或神经学因素相关，值得进一步查证。

结　语

我们需要知道，负面和恐惧的思维实际上会改变孩子的大脑结构和化学成分，正如第一部分所提到的。当这种情况发生在年轻、尚在发育的大脑中时，其影响可能会持续到青少年期和成年期。

童年的不良经历会对孩子的心智、大脑、身体和未来造成负面影响，已有大量研究成果支持这一观点。正如之前提到的，过度的、未得到管理的压力和有害思维可能导致孩子更容易患上身体疾病和长期的心理健康问题。因此，我们不能忽视孩子心理健康对他们生活的深远影响。

然而，最重要的是要关注一个充满希望的事实：神经可塑性科学告诉我们，我们可以帮助孩子们治愈、修复和成长。生活中的挑战不一定会导致他们的心智、大脑和身体遭受永久性伤害。通过心智管理，孩子可以学会掌控自己的生活，并重新书写属于自己的故事。

这并不意味着要抹去孩子经历的一切，或是保护他们免受所有可能的伤害。尽管我们很希望做到这一点，但这是不现实的。正如我在整本书中所强调的，我们无法改变发生在孩子身上的事情，但

结语

我们可以改变这些经历在他们的心智、大脑和身体中的表现方式,以及它们如何影响孩子的未来。这正是心智管理的目标所在。

我们应该帮助孩子理解他们思维的成因,并意识到这些思维如何在他们的生活中表现出来。接着,我们可以帮助他们接受已经发生的事情,找到内心的平静。

在这本书中，我们已经学会了如何通过神经周期法与孩子一起做到这一点。整个系统在帮助孩子接受并创造他们独特的故事，拥抱他们的全部人性，培养自我调节能力、自主性和身份认同，增强心理韧性，提升自信心，并有效管理压力和焦虑。这些都是心理健康的基石。我们正在教孩子如何成为心理健康的超级英雄，就像脑宝宝一样！

致　谢

感谢我曾经阅读过其作品和向其学习过的每一位研究员、科学家、哲学家和教师，因为正是站在这些巨人的肩膀上，我们才能迈出每一个小小的步伐，走向未来，做出必要的改变，帮助修复和治愈人类。

感谢我三位了不起的女儿，能够与她们合作是我的荣幸。我的小女儿阿莱克西是我的研究助理，她总是不知疲倦地陪伴在我身边，和我一起探讨，厘清这片庞大领域中的无数想法与研究方向。她不仅细致入微地审查我的每一句话，确保其表达既清晰又准确，还展现出非凡的智慧和宝贵的洞察力。我的长女杰西卡，负责客户对接、技术支持、新闻简报和博客等工作，她做事极为高效。她巧妙地将我学术性强、带有科学性写作风格的作品转化为流畅易懂的语言，连我自己也不禁被转化后的文字打动。我的二女儿多米尼克作为一位卓越的播客制作人，主要负责市场营销和业务发展。她在引导项目概念的形成方面展现了独到的能力，尤其在书籍开发过程中，她总能精准捕捉到需要强调的关键点，帮助我将作品整合成紧密统一的整体。

感谢蒂姆、蒂姆的继母和父亲！感谢他们让我有机会将他们感人至深的故事融入我的书中。展示脆弱并非易事，但他们勇敢地做到了！我相信，当你阅读他们的故事时，不仅会在许多方面得到启发，也会感受到满满的希望。

感谢我的儿子杰弗里！他是一位出色的讲故事者和作家，目前正在与我共同创作关于脑宝宝的儿童冒险故事。在本书中，你已经见过脑宝宝，他被传送到一个神秘的地方——量子领域，在那里学习使用一种古老的超能力——神经周期法。他会面对并征服一个威胁控制每个人思维，摧毁世界的有毒思维怪物。你可以与孩子一起阅读这些故事，并通过神经周期法帮助他们更好地管理心理健康。

感谢我的妈妈安妮，她是我最大的支持者，并教会了我许多关于育儿的宝贵知识。

25年前，我便构思了书中出现的脑宝宝这一角色。我的插画师萨拉娅出色地将这个已有25岁的脑宝宝形象呈现出来，并将我对它的构想提升到了全新的高度。她的创作将帮助你和你的孩子踏上管理心理健康的旅程。

感谢多年来所有与我合作的患者，正是通过你们的眼睛，我看到了挑战、痛苦与治愈。这是我莫大的荣幸，我深知这份责任的沉重。为了回报你们的信任与支持，我将继续通过我的研究，努力为每个人提供更易获得的心理健康支持。

当然，还有不得不提的辛巴和娜拉，我的吉娃娃狗，它们总是让我忍不住笑出声，在我写书的漫长时光里，用温暖的拥抱和安慰陪伴着我。

最后，同样重要的是，我要感谢我的丈夫马克，我们公司的首席执行官。他总是给我无尽的支持，从我熬夜工作时为我送来早餐，到在每一个可能的方式上给予我无条件地支持和爱。马克，正因为你对我和我工作的信任，我才变得如此坚强。永远爱你。